未来の希望「正義の走者」に贈る

池田大作

未来の希望
「正義の走者」に
贈る

未来部総会で励ましを贈る池田大作先生（2007年 5月　創価大学で）

未来の希望「正義の走者」に贈る

長野研修道場で未来部員を激励（1995年 8月）

岡山文化会館に設置されている未来部歌「正義の走者」の銘板

目次

ブックデザイン　地代紀子

一、本書は、「大白蓮華」に掲載された「世界を照らす太陽の仏法」（二〇二〇年六月号〜八月号、二〇二一年三月号〜四月号、七月号〜八月号）を、著者の了解を得て『未来の希望「正義の走者」に贈る』として収録した。

一、御書の引用は、『日蓮大聖人御書全集　新版』（創価学会版）に基づき、ページ数は（新〇〇㌻）と示した。『日蓮大聖人御書全集』（創価学会版、第二七八刷）のページ数は（全〇〇㌻）と示した。

一、法華経の経文は、『妙法蓮華経並開結』（創価学会版、第二刷）に基づき（法華経〇〇㌻）と示した。

一、肩書、名称、時節等については、掲載時のままにした。

一、説明が必要と思われる語句には、〈注〇〉を付け、編末に［注解］を設けた。

——編集部

諸法実相抄（しょほうじっそうしょう）

生命尊厳の哲学広める主役に

混迷の時代にこそ、新しい希望の哲学が求められます。

試練の世界にこそ、新しい価値創造の人材が切望されます。

今、人類は目に見えないウイルスとの闘いを続けています。他にも、さまざまな困難が押し寄せ、未聞の「挑戦」に対して英知を結集して「応戦」し、誰もが安穏で平和な社会を願っています。

暗雲に覆われた心に陽光を届け、人間を強く、賢く、善くすることができる力は、いずこにあるか。元来、宗教は、人間のやむにやまれぬ強き願いが祈りとなって始まりました。今、あらためて世界で、宗教の真価が問われていると言っても過言ではないでしょう。

あらゆる人を成仏させる法華経

この激動の時に青春を過ごす世界の未来部の皆さんは、日蓮大聖人の「太陽の仏法」を力強く掲げ、生命尊厳の新時代を開きゆく深き使命を担った主役です。

法華経〈注1〉には八歳の竜女〈注2〉が登場し、女性の成仏、さらに一切衆生（あらゆる人々）の成仏を示していきます。未来部を大切にする学会の伝統は奥が深いのです。

「未来からの使者」

恩師・戸田城聖先生は、よく「子どもは久遠元初〈注3〉からの使者だよ。

親をはじめ、皆を仏にするために生まれてきたのだ」「子どもは未来の宝だ。未来からの使者だと思って大事にしなさい」と言われていました。

なかんずく、今ほど、未来部に対する期待が高まっている時はありません。

なぜなら、皆さんは、この困難な時代を成長の舞台として、学会の創立100周年を飾り、21世紀を決する世代だからです。

人類の勝利の未来を創りゆく、かけがえのない存在です。一人一人が、地球社会の大いなる希望なのです。

皆さんの将来のために

本書では、世界広宣流布のバトンを継ぐ「正義の走者」である未来部の皆さんと共に、御書を拝しながら、「信仰とは何か」「正しい人生とは何か」「夢や希望」について、学び合っていきたい。

仏法の法理は深遠であり、今すぐに全部は分からないかもしれません。

イギリス未来部が研修会をオンラインで（2021年7月）

それでも将来、〝ああ、そうだったな〟と思い出す日が来るでしょう。難しいかもしれませんが、何か一つでもいい、汲み取っていってください。

最初は、皆さんの先輩である草創の高等部の代表に講義した「諸法実相抄」です。

大聖人に直結した私たちには、人類を、世界を、未来を救うために、広宣流布を成し遂げていく使命があることを示されています。

御文

（新1791ページ・全1360ページ）

いかにも、今度、信心をいたして、法華経の行者にてとおり、日蓮が一門となりとおし給うべし。日蓮と同意ならば地涌の菩薩たらんか。

現代語訳

このたび、信心をしたからには、いかなることがあろうとも、「法華経の行者（法華経の実践者）」として生き抜き、「日蓮の一門」となり通していきなさい。「日蓮と同意」であるならば「地涌の菩薩」であろうか。

朝夕の勤行で読誦している法理

このお手紙は、約750年前の文永10年（1273年）5月、大聖人が52歳の時、流罪地の佐渡で認められ、弟子の最蓮房に送られたとされています〈注4〉。

本抄の題号（タイトル）は「諸法実相抄」です。「諸法実相」といえば、朝夕の勤行では、方便品で、この言葉に続いて、「所謂諸法。如是相。如是性。……如是本末究竟等」と、3回繰り返して読誦します。それほど重要な内容が示されている教えです。

本抄は、この「諸法実相」とは何かという門下の疑問に対する御返事です。学びの世界では、「質問すること」が大切です。勇気を出して質問することから、新たな発見が生まれ、理解の喜びが広がります。

大聖人は、あらゆる事象（諸法）の本質（実相）が南無妙法蓮華経なのであると明確に答えられます。「実相というは、妙法蓮華経の異名なり」（新1789

ページ・全1359ページ）と仰せです。

私たちが唱える南無妙法蓮華経の題目とは、最極の真理の名前です。宇宙と生命を貫く根本の法則です。一切の人間を成仏せしめる根源であり、無限の生命力を湧き立たせ、福徳（仏法で得る幸福と功徳）を生む、蘇生と調和と活力の源泉です。

この妙法を持った皆さん方に、どれだけの力と可能性が秘められていることか。それを、現実に限りなく発揮していくためのスイッチが「信心」であり、「唱題」なのです。

祈りは貫き通せば必ず叶う

青春時代は誰しも悩みの連続です。勉強、進路、友達、家族、恋愛……。数えれば切りがないことでしょう。結論から言えば、信仰は、そうした課題に一つ一つ立ち向かい、勝ち開いていく原動力なのです。

「祈る」ということは、人間にしかできない崇高な行為です。祈りは、自身の本源の生命の発露であり、計り知れない力を持っています。

法華経には、「現世安穏・後生善処」〈注5〉という一節があります。〝今の環境が必ず良くなり、そして、永遠に幸福になれる〟という意味です。私たちの祈りは、今の悩みが解決できるだけでなく、自分を成長させ、皆を幸せにする人生を歩んでいくことができます。

これが南無妙法蓮華経の究極の力です。

そのための日々の勤行・唱題の実践です。

本物の信仰とは、何かにすがる、弱々しい〝お願いごと〟〝神だのみ〟のようなものではありません。真剣に祈り、真面目に努力することで、本当の自分の力、本来の自分らしい可能性を存分に出し切っていくためにあるのです。より偉大な自分自身になるためなのです。

もちろん、現実は、思い通りに進まないことも多々あります。祈って、すぐに叶わないこともあるでしょう。

それは、例えれば、大地の深い所に埋まっている宝を取り出そうと必死に掘ったけれども、硬い岩にぶつかって、たどり着かないようなものです。そこで諦めてしまえば、宝を掘り出すことはできません。

同じ道理で、いくら皆さんの生命の大地に無限の宝があっても、それを引き出していくためには、正しく掘る作業、つまり、正しい修行を粘り強く続けることが必要なのです。また、苦労して掘り進んでいくからこそ、体力も知恵もつき、生命力がグングンと鍛えられ、人生を力強く聡明に生き抜いていくことができる。そして、自身を最高に輝かせていけるのです。

戸田先生は、「信心の世界は、全ての経験が生きてくる。何一つ無駄はなかった、意味があったと感謝できる時が必ず来る」と、御本尊の無量無辺の功徳〈注6〉を教えられました。そしてこのことは、草創以来の数知れない同志の皆さんが体験し、異口同音に「実際に、その通りだった」と証言している通りです。今、こうした生活と人生の上での確かな功徳の「実証」が、日本のみならず、全世界に広がっていることが日蓮仏法の正しさ、深さを物語っています。

だからこそ、「信心」が大切になるのです。

祈りが必ず叶うということは、長い目で見れば分かってきます。後になって〝もっと大きな願いを叶えることができた〟〝苦労した分、人の悩みが分かる自分になれた〟等と、納得できる経験をたくさん積めるのです。

信心に励む人は、一切の挑戦を成長の糧、人生を開く鍵にできます。最後には、願った以上の人生となることは絶対に間違いないのです。ゆえに、一番大切なことは最後まで信仰を貫き通すことです。

大聖人は、「このたび、信心をしたからには、いかなることがあろうとも、『法華経の行者（法華経の実践者）』として生き抜き、『日蓮が一門』となり通していきなさい」と、仰せです。

皆さんは、学会の後継者として、今は勉学第一、健康第一で伸び伸びと成長していっていただきたい。

そして、広宣流布のため、人々のため、社会のために立派に活躍する一人一人になってください。

生まれてよかったと言える世界を

大聖人は「『日蓮と同意』であるならば『地涌の菩薩』〈注7〉である」と教えられています。地涌の菩薩とは、悪世に妙法を弘めることを託された最も尊い菩薩たちです。地涌の菩薩は、広宣流布を誓願〈注8〉し、躍り出たのです。学会員は、皆、この地涌の菩薩なのです。

広宣流布とは、分かりやすく表現すると、誰もが〝生まれてきてよかった〟〝生きているのがうれしい〟〝毎日が楽しく充実し、友とは仲良く過ごしている〟という幸福で平和な社会を実現していくことです。朝夕の勤行で「世界の平和と一切衆生の幸福のために」と御祈念している通りです。

だから、皆さんのお母さんやお父さん、おばあさん、おじいさんや地域の学会員の方々は、一生懸命に仏法を多くの人たちに語っているのです。自分や家族だけでなく、友人も、地域の人たちも――と、皆の幸せを祈り願う範囲が大きく広がり、行動しているのです。

自身が心を寄せる世界が広がれば、それだけ、勇気と知恵と慈悲が湧き、価値ある人生、生きがいのある人生となる。学会員は、日々、自分の境涯（自分の心の世界。境地）を広げ、人々のため、社会のために貢献していこうと努力しているのです。これが「一生成仏」〈注9〉への道であり、私たちの「人間革命」〈注10〉の実践です。

「日蓮と同意」の信心

その鍵が、「日蓮と同意」ということです。大聖人は、ありとあらゆる大難を一身に受けながら、全人類の幸福を願われ、万年にわたる広布の大道を開いてくださいました。この大聖人の仰せ通りに行動してきたのが、創価学会です。だから今、皆さんが信心していることは、どれほどすごいことなのか。学会には「日蓮と同意」の信心があります。皆さんは、地球をも包みゆく、大きな大きな心で、学会と共に生き抜いていっていただきたい。誰に遠慮する必要もありません。大きすぎるくらいの夢をもって進んでほしいのです。

庶民のために行動する人生

大聖人は、私たちは「地涌の菩薩」であることは間違いないと教えられています。全員が広宣流布の使命を帯びて、勇んでこの世に出現した尊い菩薩なのです。菩薩とは、世界の平和のため、民衆の幸福のために思う存分活躍し、自分の生命を輝かせていく人です。

地涌の菩薩は、仏に等しい偉大な菩薩ですが、あえて、悩みや苦しみに満ちた悪世に生まれてきます。だから、世の中の人々と同じ悩みや苦しみや宿命を持っています。しかし地涌の菩薩の境涯は違うのです。それは、大いなる使命を誇り高く自覚しているからです。

地涌の菩薩は、苦難に断じて負けません。自らも苦しみながら、悩みを抱えている人たちを励まし、希望を送る生き方を貫き通します。多くの人たちに寄り添いながら、自らの宿命転換の姿を通して、人間は誰でも、いかなる不幸も乗り越えて必ず幸せになれるという真実を伝えていくのです。

全部に意味があることなのです。最初から恵まれていたら、仏法の偉大さも、生命の底力も証明することはできません。それが「願兼於業」〈注11〉という法理なのです。人々を救うために、自ら願って苦難を引き受け、仏法を弘通する生き方です。

世界中で学会員が、あえて苦難の中で戦う地涌の誓いを胸に、「宿命を使命に転じて」という決意で、困難に挑戦しています。

今がどんなに大変でも、また、これから、いかなる試練があろうとも、「負けじ魂」で朗らかに進むことです。皆さんには、一人ももれなく偉大な使命があります。

多くの人から、〝あなたのお陰で幸せになれた〟と言われるリーダーに成長していってほしい。目立たなくても、地味でもいい、どこまでも庶民のために、社会のために行動する創価の師弟の人生を、自分らしく歩み抜いてもらいたい。これが、私の願いです。

御文　（新1791ページ・全1360ページ）

末法にして妙法蓮華経の五字を弘めん者は、男女は嫌うべからず、皆地涌の菩薩の出現にあらずんば唱えがたき題目なり。日蓮一人はじめは南無妙法蓮華経と唱えしが、二人・三人・百人と次第に唱えつたうるなり。未来もまたしかるべし。

現代語訳

末法（仏の教えが見失われ、争いの絶えない時代）において妙法蓮華経の五字を弘める者は男女の分け隔てをしてはならない。皆、地涌の菩薩が出現した人々でなければ唱えることのできない題目なのである。はじめは日蓮一人が南無妙法蓮華経と唱えたが、二人・三人・百人と次第に唱え伝えてきたのである。未来もまたそうであろう。

世界宗教にふさわしい平等観

大聖人は「男女の分け隔てをしてはならない」と仰せです。13世紀にあって、男女平等を謳い上げられた、人類史に燦然と輝きわたる宣言です。

それは、御本尊を持ち、南無妙法蓮華経の題目を唱えれば、男女の分け隔てなく、誰でも必ず幸福になれるからです。

ゆえに、自分が唱えるだけでなく、他の人にも伝えていくのです。それが、自行化他〈注12〉の実践です。唱題行は、男女や年齢や人種、いわんや国籍や肩書の違いなど関係なく、全人類に開かれているのです。

現実に、言語や文化の違いを超えて、世界192カ国・地域に仏法は広がりました。

大聖人の仏法は、一切衆生を幸福に導く世界宗教としての大光を、まさに太陽の如く放っているのです。

「皆、地涌の菩薩が出現した人々でなければ唱えることのできない題目である」との仰せのままに世界へ広めたのが創価学会です。

戸田先生は、「社会のため、世界のため、人類のため、活躍する若い人材を大いに育てるのだ。これが、創価学会の大目的である」と、語られていました。

広宣流布は一人の変革から始まる

「はじめは日蓮一人が南無妙法蓮華経と唱えたが、二人・三人・百人と次第に唱え伝えてきたのである。未来もまたそうであろう」と仰せです。広宣流布は必ず実現すると約束され、その方途を示されています。

社会といっても、それは、詰まるところ、一人一人の人間の集まりです。だからこそ、一人の心の変革から、全ては始まります。

そのために、一人から二人、三人と着実に信頼を結び、共感を広げ、決意を共有していくのです。未来部の皆さんにとっては、誠実に友情を広げることといってもいいでしょう。

遠回りのように見えて、一人の確かな変革の積み重ねこそが、万人を変える力となって、大きな民衆の運動となっていくのです。

20世紀を代表する大科学者のアインシュタイン博士〈注13〉は、「信頼は信頼を呼びます。信頼なしには、実りある協力は不可能でしょう」と語りました。

善の連帯は、人間と人間との「心の絆」によって、より強く築かれていくのです。

素直な心で祈り抜こう

本抄の最後に大聖人は、私たちの具体的な実践について、「行学の二道」、すなわち、「実践（行）」と「学習（学）」の両輪を教えられています。

「行学の二道をはげんでいきなさい。行学が絶えてしまえば、仏法はない。自分も行い、人をも教え導いていきなさい。行学は信心から起こる。力の限り一文一句であっても人に語っていきなさい」（新1793㌻・全1361㌻、通解）と。

素直な心で題目を唱えれば、生命力が涌現（湧き出ること）します。仏法を学べば確信が漲ります。知恵が光ります。「行学の二道」に励み、自分を最高に輝かせ、周囲の人たちを希望と勇気で照らしていってほしいのです。

皆さんのために道を開いた

私は戸田先生の弟子として、先生の構想を全て実現してきました。今やこの地球上に、大聖人の仏法の大光が届かないところはありません。師弟の道に間違いはないことを、私は身をもって証明してきました。皆さんのために、道を開いてきました。

だからこそ、今度は皆さんに大確信をもって、平和の世紀、安穏の世界、つまり広宣流布の未来を開く後継の道を託すのです。

皆さんが未来に活躍しゆく姿を思い浮かべる時、私の心は躍ります。世界の同志も、全く同じ気持ちで成長を祈り待っています。

皆さんが一人ももれなく使命を果たせるように、私は日々、真剣に題目を送っています。

師弟の道は、人生勝利の道

皆さんは、師子です。太陽です。どんなに嫌になることや、苦しくて辛いことがあっても、凛然と頭を上げて、胸を張り、威風堂々と使命の道を前進していこう！

創価の師弟の道は、人生に勝利する道であり、全民衆の幸福と平和を開く道です。それは、皆さんの眼前に広々と開けているのです！

［注 解］

〈注1〉【法華経】さまざまな経典の中で、全ての人が成仏できることを説き明かした経典。釈尊の真実の姿と、悪世に生きる人々の救済が強調されている。日蓮大聖人が一番、大切にされた経典で、創価学会では信仰の実践として朝夕に、法華経の重要な部分を読誦している。

〈注2〉【竜女】海中の竜宮に住む娑竭羅竜王の8歳の娘。法華経で成仏の境涯を現して、歓喜の中で多くの人たちを救った。

〈注3〉【久遠元初】永遠性に譬えられる、宇宙と生命の根源のこと。

〈注4〉日蓮大聖人は正義を叫ばれたが、理解できない鎌倉幕府によって無実の罪で、文永8年（1271年）から約2年半にわたって、佐渡に流罪になる。この時に、大聖人のお姿を見て、同じく流人であった最蓮房が入信した。「諸法実相抄」は、この最蓮房が仏法の深い法門について大聖人にお尋ねしたことに対する返事のお手紙である。

〈注5〉【現世安穏・後生善処】法華経（妙法）を信受する者は、現世（現在の生）は安穏であり、後生（未来世）は善処（よき所）に生まれる、という意味。

〈注6〉【功徳】幸福をもたらす性質。信心の実践によって私たちは苦悩や不幸の根源を消滅させ、善や智慧を生むことができる。真の功徳は生命の浄化であり、本来もっている力が存分に発揮されることである。

〈注7〉【地涌の菩薩】釈尊が悪世において法華経を弘め、人々を永遠に幸せにしていくために呼び出した菩薩たち。大地から涌出したので地涌の菩薩という。皆、立派で堂々としていた。また、それぞれが六万恒河沙（ガンジス川の砂の数の6万倍。無数の意）の仲間を率いていた。

〈注8〉【誓願】誓いを立てて願うこと。学会員は、自分も他人も共に幸福になるとの誓いや、師匠と共に広宣流布に生き抜こうとの誓いを立て、その成就を願っている。

〈注9〉【一生成仏】日蓮大聖人の仏性を実践した者は、この一生の間に成仏することができる。「成仏」とは、誰もが具えている仏の生命を開き現すこと。私たちは、この身のままで、何ものにも崩されない幸福境涯を築くことができる。

〈注10〉【人間革命】自分自身の生命や境涯をよりよく変革し、人間として成長・向上していくこと。自分とかけ離れた特別な存在になることではなく、自身に内在する、知恵と慈悲と勇気に満ちた生命を最大に発揮することで、あらゆる困難や苦悩を乗り越えていく生き方である。池田先生は、小説『人間革命』に「一人の人間における偉大な人間革命は、やがて一国の宿命の転換をも成し遂げ、さらに全人類の宿命の転換をも可能にする」と記している。

〈注11〉【願兼於業】「願、業を兼ぬ」と読む。本来、仏道修行の功徳によって安楽な境涯に生まれるべきところを、苦悩に沈む民衆を救済するために、自ら願って、悪世に生まれること。

〈注12〉【自行化他】自行と化他行。自行は、自身が仏道修行に励むこと。勤行・唱題。化他行は、他の人々を教え導くこと。仏法対話や学会活動。

〈注13〉【アインシュタイン博士】１８７９年～１９５５年。ドイツ出身のアメリカの理論物理学者。相対性理論などを発表。ノーベル物理学賞受賞。後にナチスの迫害に抗議し、アメリカに亡命。核兵器使用の反対運動を進めるなど、平和主義者としても活躍した。引用は、『アインシュタイン平和書簡 1』（ネーサン&ノーデン編、金子敏男訳、みすず書房）から。

生死一大事血脈抄

しょうじいちだいじけつみゃくしょう

君の前進を人類が待望

未来部の皆さんは、一人ももれなく「人類の希望」であり、「地球の宝」です。全員が未来を開く「21世紀の主人公」です。広宣流布という民衆勝利の時代、そして世界平和を建設していく「正義の走者」です。

それには明確な根拠があります。

第1に、皆さんが若くして持っている「妙法」は、誰もが幸福を確立できる根源の大法であり、無限の価値を創造する源泉だからです。仏法を実践する皆さんは、偉大な生命の力を自在に発揮することができるのです。

第2に、皆さん自身が、この妙法を弘め、民衆の幸の連帯を築く使命を抱いて躍り出た地涌の菩薩にほかならないからです。

そして第3に、世界中に、皆さんの可能性を信じて、一人一人の成長を祈り、待つ人たちがいるからです。皆さんの家族はもちろん、地域の同志の方々もそうです。

「ああ柱たれ　我等の時代の」

全員が立派な広布と社会の指導者に育ち、尊き庶民を守り抜く師子となってもらいたい――。私が、この願いを込めて作成したのが未来部歌「正義の走者」〈注1〉です。

「ああ柱たれ　我等の時代の」と、皆さんの栄光と凱歌を信じ、託しました。

広宣流布の未来は、全て後継の皆さんが担っていく以外にないからです。

「今」を大切に一歩、前へ

若いということは、いかなる財宝にも勝る生命の宝です。と同時に、青春時代は悩みや苦労も多い。

しかし、どんな状況であれ、たとえ思うようにいかないことがあっても、今、信心をしているがゆえに、皆さんの前途は洋々と開けていくのです。大きく羽ばたいていけることが約束されているのです。そうでなければ仏法は嘘になってしまう。だからこそ、負けじ魂で「今」を大切に、一歩、前へ踏み出すことです。真剣に題目を唱え、学び、自身を鍛えていくのです。信心とは、人生を勝ち開く力なのです。

困難な時代に登場する約束

人類が大きな困難に直面する時代に、皆さんが信心していることは、深い意味があるのです。はるか昔、仏教の創始者である釈尊がすでに厳然と宣言して

訪れた日本の友を韓国の少年少女部員が歓迎（2019年12月）

いることなのです。それを「令法久住」〈注2〉といいます。人々の心が濁り、最も乱れた時代に、皆さんが登場し、民衆の側に立って活躍することで、未来永遠にわたって妙法が伝えられていくと仏が約束しているのです。

ここでは、この原理を展開された「生死一大事血脈抄」を共に拝読します。かつて未来部の英才たちと研鑽した忘れ得ぬ御書です。「妙法を持つ人の使命」「師弟の絆」「学会組織の重要性」について学びましょう。

御文

（新1775㌻・全1337㌻）

総じて、日蓮が弟子檀那等、自他・彼此の心なく、水魚の思いを成して、異体同心にして南無妙法蓮華経と唱え奉るところを、生死一大事の血脈とは云うなり。しかも、今、日蓮が弘通するところの所詮これなり。もししからば、広宣流布の大願も叶うべきものか。

現代語訳

総じて日蓮の弟子たちが、自分と他人、彼と此という分け隔ての心をもたず、水と魚のように互いに親密な思いを抱き、異体同心で南無妙法蓮華経と唱えたてまつるところを「生死一大事の血脈」というのである。

しかも今、日蓮が弘通する所詮（結論の教え）はこれである。もし、この通りになるならば、広宣流布の大願も成就するであろう。

佐渡の地で弟子になった最蓮房

本抄を頂いた最蓮房は、日蓮大聖人が佐渡に流罪されていたさなかに、縁あって、この逆境の地で弟子となり、共に苦難を受けていくのです〈注3〉。この最蓮房が質問した「生死一大事の血脈」（新1774㌻・全1336㌻）という最重要の法門について、明快に論じられた御返事が本抄です。

「生死一大事血脈」とは成仏の法

「生死一大事」とは、生死〈注4〉を繰り返す私たちの生命にとって根本となる大事を指します。「血脈」とは、親から子へ血筋が流れるように、仏法の根幹が、仏から人々へ受け継がれ、伝えられていくことです。

したがって、「生死一大事血脈」とは、仏から一切衆生（あらゆる人々）に、いかなる人も必ず仏になれる〝万人成仏の大法〟が伝わることを意味します。

大聖人は冒頭で、「生死一大事の血脈」、すなわち生死の苦悩を解決する究極の法とは「南無妙法蓮華経」のことである、と結論されます。そして、「妙法蓮華経」の五字こそ、虚空会〈注5〉という法華経の荘厳なる説法の場で、釈尊から地涌の菩薩に託された万人成仏の法であり、永遠にわたる根本の大法であることを述べられます。この仏法の真髄に触れて、最蓮房には衝撃が走り、言い知れぬ感動がこみ上げてきたに違いありません。

「南無妙法蓮華経」の御本尊

私たちが日々、唱えている南無妙法蓮華経は、まぎれもなく生命の究極の大事であり、宇宙の根源の法なのです。そして、私たちが拝する、この南無妙法蓮華経の御本尊は、日蓮大聖人の仏の大生命にほかならない。

私たちが御本尊に向かって唱題するとき、妙法の音声は大宇宙の仏界〈注6〉に届くと共に、自分の中に秘められていた仏界に届き、慈悲と智慧と勇気の「仏の生命」が涌現するのです。

ゆえに、困難に立ち向かう活力が漲り、生命力が強くなり、何ものにも負けなくなる。また、英知を発揮し、確かな福徳の軌道に乗り、勝利に向かって前進できるのです。どこまでも人間自身を高めるための信仰です。

日蓮大聖人は、末法〈注7〉のあらゆる人々が、金剛不壊の幸福境涯を築いていける「生死一大事の血脈」の大法を確立されました。

この人間主義の大仏法を今、現実に世界に弘めた団体は創価学会しかありません。今日の未曾有の世界広布は、創価三代の師弟と共に、皆さんのおじいさん、おばあさん、お父さん、お母さんたちが、祈り、語り、開いてきたのです。

題目を唱え、広宣流布に生きる人生が、いかに尊貴であり、偉大であるか。

この崇高なる創価の伝統を受け継いで、人々を幸福にしていく使命を持っているのが若き地涌の皆さんです。皆さんの力によって、この地球に幸福と平和の種が蒔かれることが、「生死一大事の血脈」の実現となるのです。

「血脈」を受け継ぐための信心

本抄で大聖人は、私たちが生死一大事の血脈を受け継ぐために重要となる信心の姿勢を3点にわたって示されます。

第1に、自分自身が妙法蓮華経と一体であると「確信」していくこと。

第2に、三世〈注8〉にわたって妙法を持ち抜くという「持続」と「不退」の信心。

そして第3に、「異体同心」〈注9〉です。

「日蓮が弟子檀那等」と仰せです。大聖人のもとに弟子が集って広宣流布を目指す、真実の「師弟」と「組織」を指し示されているといえましょう。なぜなら、広宣流布に戦う「師弟共戦の実践」がなければ、生死一大事の血脈は、正しく流れ通わないからです。また、師弟の精神が脈打つ「異体同心の組織」がなければ、仏と魔との戦いを勝ち抜いて、広宣流布を切り開くことはできないからです。

広宣流布を目指す門下の在り方

御文では、広宣流布を目指す大聖人門下の信心の在り方が明かされています。それが「自他・彼此の心なく」「水魚の思いを成して」「異体同心にして」との仰せです。

「自他・彼此の心なく」とは、「自分」と「他人」、「彼」と「此」とを切り離して考える、差別や対立の心を排していくことです。

それは、人間が陥りやすい「自分中心」の心を乗り越えていく、不断の挑戦であるともいえます。

「水魚の思いを成して」とは、互いに切り離すことができない関係をいいます〈注10〉。互いをかけがえのない存在として尊重し合い、支え合い、信頼し合うことで、大事を成し遂げていくことです。

「異体同心にして」の「異体」とは、一人一人の個性や特質、立場が違うことです。「同心」とは、そのうえで、目的観と価値観を共有することです。それぞれに多彩な持ち味を発揮しながら広宣流布へ心を合わせて、励まし合い進んでいくのです。

異体同心とは組織の理想像

私たちが広宣流布に向かって「異体同心」の姿で輝くことそれ自体が、人間共和の縮図であり、人類の共生の理想像なのです。

人種や言語、文化など、あらゆる差異を超え、「生命」という共通の大地に立って、尊敬し合い、学び合い、助け合っていくからです。ゆえに人間の尊厳を踏みにじる、いじめや差別は断じて許しません。

創価学会は、この異体同心という「理想の組織」を現実のものとしてきました。私の恩師・戸田城聖先生は、「人類救済の組織」と洞察されたことがあります。

「組織」という言葉を聞くと、何か窮屈な感じを受ける人もいるかもしれません。しかし、勉強もスポーツも一人だけではできません。学校やクラブなどが必要でしょう。これも一つの組織です。組織は人間の世界の営みに欠かすことはできません。みんなが信心に励み、幸せになれるのも、学会の組織があるからです。

一方で、目的を見失った組織が人間を苦しめる場合もあります。

であるならば、いかなる「組織」であるかが重要です。学会は「一人を大切にする」組織です。「一人一人の幸福」が目的なのです。

学会は、生命尊厳の思想を世界に広げ、人類の平和のため、人々の幸福のために運動を進めています。まさに大聖人が願われた世界広宣流布を間違いなく実現している、仏意仏勅の組織なのです。仏意仏勅とは、仏の願いであり、仏の命令です。仏が生み出した組織とも言えるのです。戸田先生は、「戸田の命より大事な、広宣流布の創価学会の組織」と言われました。そこには地球社会の連帯のモデルを示す使命があるのです。

人と人とを結びつける宗教

新型コロナウイルスの感染拡大の中、未来部の皆さんも、さまざまに不自由な思いや、辛い思いをしていることでしょう。

しかし、「闇が深ければ深いほど暁は近い」のです。「冬は必ず春となる」のです。どんな苦難や困難も必ず乗り越えていくことができる。苦労した分、大きく成長し、素晴らしい力をつけることができるのです。

今後の社会生活では、人々の分断を避け、人間と人間の心をつなぎ、連帯を強めていくことがより大切になっていくでしょう。

私が対談したオックスフォード大学名誉教授のウィルソン博士〈注11〉は、「共通の意識の共有が危険にさらされ、侵食されている社会において、創価学会は『人々の社会的結合を強化』できる運動であり、機関である」と評価されていました。

また、私は〝現代化学の父〟といわれたアメリカのポーリング博士〈注12〉とも度々語り合いました。博士も、生命尊厳の思想を掲げて励ましの対話を広げるSGI（創価学会インタナショナル）の運動に心から賛同され、「私たちには、創価学会があります」と絶大なる信頼と期待を寄せられていました。この創価のスクラムが、ますます希望と勇気の光を放っていく時代に入っています。

御文

（新1776ページ・全1337ページ）

金は大火にも焼けず、大水にも漂わず、朽ちず。鉄は水火共に堪えず。賢人は金のごとく、愚人は鉄のごとし。貴辺あに真金にあらずや。法華経の金を持つ故か。（中略）過去の宿縁追い来って、今度日蓮が弟子と成り給うか。釈迦・多宝こそ御存知候らめ。「在々諸仏土、常与師倶生（いたるところの諸仏の土に、常に師とともに生ず）」、よも虚事候わじ。

現代語訳

金は大火にも焼けず、大水にも流されず、朽ちることがない。鉄は水にも火にも、ともに耐えることができない。賢人は金のようであり、愚人は鉄のようである。あなたが、どうして真金でないことがあろうか。法華経の金を持つゆえであろう。（中略）

あなたは、過去の縁のゆえに今世で日蓮の弟子となられたのであろうか。釈迦・多宝の二仏こそご存じと思われる。「在在の諸仏の土に常に師と倶に生ず」（法華経化城喩品）の経文は、よもや嘘とは思われない。

「真金」の人であると賞讃

当時、最蓮房が、迫害の渦中にあった大聖人の弟子となることは、自らも苦難のただ中に向かうことを意味しました。

大聖人は、「あなたは、日蓮の弟子となって付き従い、また難に遭われている。その心中が思いやられて、心を痛めています」(新1776ページ・全1337ページ、通解)とも仰せになり、包み込むように気遣われています。師の慈愛の激励に応え、最蓮房は難に負けず、弟子の道を貫き通しました。それゆえに、「真金」の人にほかならないと讃えているのです。

師匠と弟子とは一緒に生まれる

師弟とは、弟子が自ら決意してこそ成り立つ「魂の結合」です。

一般的にも、師弟が人生を豊かに深くする――これは、私が世界の識者と語らう中で深く一致した一つの結論です。

戸田先生は、「師匠と弟子というものは必ず一緒に生まれるという。この大聖人様のお言葉から拝すれば、実に皆さんに対して、私はありがたいと思う。

約束があって、お互いに生まれてきたのです」と語っていました。

仏法の師弟に生きることは、深遠であり峻厳です。そして、永遠であり、無窮なのです。

「在在諸仏土　常与師倶生」

「弟子の道」を生き抜く最蓮房に対して、大聖人は「在在諸仏土　常与師倶生」〈注13〉との法華経の文を引かれ、「師弟の宿縁」を教えられています。

さまざまな仏国土にあって、師と弟子は常に共に生まれて仏法を行じるのです。

師弟の絆は今世だけでなく、生々世々、常に一緒であり、なおかつ、絶えず、共に民衆を救う行動を貫いていくという法華経の崇高な精神の真髄が示されています。師と弟子が、いかなる場所をも仏国土へと変えるため、また全民衆の宿命転換〈注14〉のために戦っていく。そのことは、久遠（遠い昔）からの約束であり、自らの誓願にほかなりません。

まさしく、妙法を根本とした「師弟の絆」は、生死を超えて、三世永遠にわたるのです。戸田先生は師匠の牧口常三郎先生との絆を、「在在諸仏土　常与師倶生」の経文を通して示されました。今、この師弟の魂は、世界のＳＧＩメンバーも学び、継承しています。

苦楽を分け合う不思議な縁

戸田先生が第2代会長に就任した１９５１年（昭和26年）5月3日、この日を記念して先生は私に、「現在も　未来も共に　苦楽をば　分けあう縁　不思議なるかな」との和歌を贈ってくださいました。

この先生の直弟子として、１９６０年（昭和35年）の同じ5月3日、私は第3代会長に就任し、先生の示された構想をすべて実現してきました。

そして今、この時に生まれ合わせた未来部の皆さんは、私が一切を託しゅく、かけがえのない宿縁で結ばれた使命深き一人一人です。

地涌の菩薩は、妙法の偉大さを証明するために、それぞれの時を選んで生まれてくるのです。皆さんの先輩たちは、一人一人が師弟の絆を自覚し、強い使命感に生きるがゆえに、現実の困難にも負けることなく、経済苦や病気といった宿命も転換し、最高に価値ある人生を歩み、今日の壮大な広布の道を開いてきたのです。

未来部の皆さんは、その晴れ舞台で勇んで舞いゆくのです。皆さんが立ち上がることで、人類の未来を照らす希望の連帯は、いよいよ地球を大きく包んでいくのです。

目の前の一人を大切にする

日蓮仏法は、現実を変革する生きた宗教です。目の前の「一人」を大切にし、どこまでも「一人」の可能性を信じ抜く。学会は「励ましと信頼の世界」

です。その実践は世界市民の結合を強め深めています。

「人間の宗教」としての真価は、混迷の社会にあって、いやまして輝いています。

創価の希望の潮流が、この21世紀を「生命の世紀」へと潤していきます。人間主義の凱歌が轟く「我等の時代」を築き上げていく。その仰ぎ見る柱こそ、皆さんなのです。

［注　解］

〈注1〉【「正義の走者」】1978年（昭和53年）に高等部歌として岡山の地で発表され、2010年（平成22年）に池田先生が歌詞を加筆し、「未来部歌」として歌われるようになった。歌詞の三番に、〽この世の誇りと　使命をば　情熱燃ゆる　君もまた　勝利の旗の　走者なり　花の輪広げん　走者なり　ああ柱たれ　我等の時代の――とある。

〈注2〉【令法久住】「法をして久しく住せしめん」（法華経387ページ）と読む。法華経では、全宇宙から、また過去・現在・未来の仏や菩薩が集まり、釈尊が人々に対して、未来永遠にわたって妙法が伝えられていくように使命を託すことを宣言している。

〈注3〉日蓮大聖人が流罪中に、同じく佐渡に流罪されていた天台宗の学僧である最蓮房が大聖人の弟子となったと伝えられている。「生死一大事血脈抄」は、この最蓮房に与えられた書。

〈注4〉【生死】仏教では、私たちは「生」と「死」を繰り返していると説いている。ただし法華経では、迷いと苦しみの流転ではなく、幸福な境涯が続くことを明かしている。

〈注5〉【虚空会】法華経の見宝塔品第11から嘱累品第22までの説法の会座は、仏と全聴衆が虚空

（大空）に浮かんで行われたので「虚空会」という。その冒頭、見宝塔品第11で宝塔が大地を割って出現し、仏の生命の偉大さ、万人に具わる仏界の尊極さを示した。この虚空会の儀式の目的は、仏の滅後（末法）の全人類を救うことを地涌の菩薩に託すことにある。

〈注6〉【仏界】仏が得た、慈悲と智慧（知恵）と勇気にあふれる境涯。私たちは、誰でも、究極の真理である南無妙法蓮華経を唱える唱題の実践によって、自身に具わる仏界を現すことができる。

〈注7〉【末法】仏が亡くなった後、その教えの功力（功徳の力）が消滅する時期をいう。人々の間で、仏法の教えが形骸化し、争いの絶えない時代となる。日蓮大聖人は、この時代に出現され、末法の人々を永遠に救っていく南無妙法蓮華経の大法を説かれた。

〈注8〉【三世】過去世・現在世・未来世のこと。

〈注9〉【異体同心】姿、形、立場が異なっていても、その違いを互いに尊重し合い、同じ心、目的観に立ち行動すること。

〈注10〉【水魚の思い】水と魚のように切り離せない大切な関係であるとの思い。中国・三国時代の蜀の故事に基づく語。諸葛孔明を得た劉備玄徳は水を得た魚のように大きく飛躍したが、互いに深い信頼で結ばれていた。

〈注11〉【ウィルソン博士】ブライアン・ウィルソン。1926年〜2004年。英・オックスフオード大学社会学名誉教授、同大学オールソールズ・カレッジ名誉研究員、国際宗教社会学会初代会長。池田先生との対談集に『社会と宗教』（『池田大作全集』第6巻所収）がある。

〈注12〉【ポーリング博士】ライナス・ポーリング。1901年～1994年。20世紀を代表する米国の物理化学者で、ビタミンCの研究でも著名。単独でノーベル化学賞と共に、ノーベル平和賞を受賞した。池田先生との対談集に『「生命の世紀」への探求』（『池田大作全集』第14巻所収）がある。

〈注13〉【在在諸仏土　常与師倶生】法華経には、「在在の諸仏の土に　常に師と倶に生ず」（法華経317ページ）とある。師匠と弟子は、仏法によって結ばれた絆によって、あらゆる仏国土にあって、いつも一緒に生まれ、共に民衆救済の活動をしていくということ。

〈注14〉【宿命転換】定まって変えがたいと思われる運命であっても、妙法の力で転換できること。

顕仏未来記（けんぶつみらいき）

次代に羽ばたけ！　わが鳳雛よ

「未来をめざし、未来に生きる、若き、高等部諸君よ。諸君こそ、広布達成の鳳雛である。すなわち、諸君の成長こそ、学会の希望であり、日本の、そして全世界の黎明を告げる暁鐘である」——

1965年（昭和40年）、私が「大白蓮華」の巻頭言として執筆した「鳳雛よ未来に羽ばたけ」〈注1〉の一節です。

未来部こそ、次の学会を担い、さらに発展させていく偉大なる使命をもっている。諸君が責任をもって広宣流布の総仕上げをしていってもらいたい。その

アフリカ・トーゴの未来っ子は元気いっぱい！（2018年5月）

ために私は道を拓いてきたし、これからも全精魂を込めて切り拓いていく——との真情でした。

新たな黎明を告げる暁鐘

半世紀余りの歳月を経て、私はあらためて、今の高等部、中等部、少年少女部の皆さんの前進こそ、全世界の次代の黎明を告げる暁鐘であると宣言したいのであります。

人類が、また地球全体が、大きな困難から力強く立ち上がろうとしているさなかにあって、皆さんの存在自体が、そして、健やかな成長そのものが、全世界の民衆の新たな希望にほかならないからです。

断じて負けるな、堂々と進め！

感染拡大の影響で、いつも通りの生活を過ごせず、残念な思いをしてきたメンバーも多いでしょう。ご家族の仕事が苦境に陥り、辛く大変な日々を送っている友もいます。

だからこそ、この時にあたって、〝鳳雛よ、断じて負けるな！〟〝胸をはり、堂々と進みゆけ！〟〝困難な時こそ、未来に向かって敢然と羽ばたこう！〟と訴えたいのです。

その祈りを込めて、希望の明日を担う、大切な大切な皆さん一人一人と、緑陰で語りあい、懇談するつもりで、日蓮大聖人の御書を共に学んでまいりたいと思います。

御文　（新606ページ・全505ページ）

法華経の第七に云わく「我滅度して後、後の五百歳の中、閻浮提に広宣流布して、断絶せしむることなかれ」等云々。予、一たびは歎いて云わく、仏の滅後既に二千二百二十余年を隔つ。いかなる罪業によって、仏の在世に生まれず、正法の四依、像法の中の天台・伝教等にも値わざるやと。また一たびは喜んで云わく、いかなる幸いあって、後の五百歳に生まれてこの真文を拝見することぞや。

現代語訳

法華経第7巻には、「私（釈尊）が滅度（仏の死）した後、後の五百年のうちに、この法華経を一閻浮提（全世界）に広宣流布して、断絶させてはならない」（薬王菩薩本事品第23）等と述べられている。

私（日蓮）は、一度は嘆いて言う。

――今は釈迦仏の滅後（仏の亡くなった後）、既に二千二百二十余年がたっている。

いったい、いかなる罪業があって、釈迦仏がいらっしゃる時代に生まれ合わせることができず、また、正法時代（仏教最初の千年）の四依の人（迦葉・阿難や竜樹・天親ら）にも、像法時代（次の千年）の天台大師や伝教大師にも会えなかったのであろうかと。

また、一度は喜んで言う。

——いったい、いかなる福徳があって、（二千年を経た）後の五百年（末法）に生まれ、この薬王品の真実の文を拝見することができたのであろうかと。

末法に生まれた崇高な使命

続いて「顕仏未来記」〈注2〉という御書を学びます。「仏の未来への展望」が記されている御書です。「仏の展望」とは、端的に言えば「広宣流布」のことです。すなわち、人類に真の平和をもたらし、人々を永遠の幸福境涯へと導いていく仏の願いのことです。

仏教は、もともと、人間の苦悩を根本的に解決するために誕生した宗教です。

すなわち、誰人にも尊極なる仏の生命が具わり、「生老病死」〈注3〉という究極の課題を打開していけることを示した教えです。その自他共の尊厳に目覚めた民衆一人一人が、地上から一切の悲惨と不幸をなくすために立ち上がり、「幸福と平和への大行進」を広げていく。この「偉大な民衆の大連帯」を築いていくことが、広宣流布です。

釈尊は、全ての人々を、自身と同じ境涯にまで高められるように法華経を説きました。また、自身の滅後、人々の生命が濁った悪世の時代に、法華経を広めて、断じて途絶えさせてはならないと教えられています。この仏の願いのままに活躍するように、崇高な使命を託された存在こそが「地涌の菩薩」です。

そして法華経で説かれた通りに、日蓮大聖人が、末法という、人々が最も苦しむ時代に出現され、法華経の肝心たる南無妙法蓮華経の大法を説き広め、命に及ぶ大難の中で、末法万年の全民衆救済への道を開かれたのです。それゆえに、私たちは日蓮大聖人を末法の御本仏として信奉するのです。

民衆勝利の時代を築く仏教

現代に、この尊極な精神を受け継ぎ、人々の幸福と平和、安穏な社会の構築のために、創価三代の師弟と共に、日々、奮闘してきたのが世界中の学会員です。

釈尊、法華経、日蓮大聖人、そして創価学会——民衆勝利の時代を築きゆく、この仏教の歴史の中に「人間の宗教」の壮大な系譜があるのです。

その意味で、「顕仏未来記」は、大聖人直結の学会精神の源流を学ぶ御書でもあります。

私も恩師・戸田城聖先生から学び、また幾度も青年と共に研鑽してきた御書です。

本抄に込められた〝何としても、苦しむ民衆を救おう〟との、広大な御境涯に胸を打たれます。宝の未来部の皆さんも、ぜひとも心に刻んでいただければと思います。

本抄の題号に込められた御精神

「顕仏未来記」は文永10年（1273年）閏5月〈注4〉、大聖人が流罪の地・佐渡の一谷で認められました〈注5〉。

題号（タイトル）の「顕仏未来記」とは、「仏の未来記を顕す」すなわち「未来を予見し、記した仏の言葉を実現する」という意味です。

「仏の未来記」とは一面では「釈尊の未来記」を指しますが、大聖人が本抄を認められた本来の意図は、「大聖人御自身の未来記」を明かされることにありました。

まず、「釈尊の未来記」とは何か。

それは本抄冒頭に引用されている「法華経薬王品」の経文の実現にほかならない。

これは、先に述べたように、釈尊が亡くなった後の悪世において、法華経を全世界に弘め、断絶させてはならないとの仏の遺命（後の人に託す命令）です。

大聖人はこの経文を通して、御自身が釈尊滅後の末法に生まれたことを「一たびは歎いて云わく」と仰せになりました。法華経を説いた釈尊にも、また、これまで正法を弘めてきた偉大な人々にも、巡り合えなかったからであると述べられているのです。

「歎き」から「喜び」への大転換

そのうえで大聖人は全く逆に、この末法に生まれて「仏の未来記」を目の当たりにできる福徳の大きさを踏まえて、「一たびは喜んで云わく」と仰せになります。

一見すると末法それ自体は、嘆くべき時代です。しかし、大聖人はむしろ、困難を打ち破り、真実の法が弘まる、広宣流布実現の「喜ぶべき時代」と捉え返されているのです。

まさしく、この「歎き」から「喜び」への大転換こそが重要です。それは大聖人御自身が、苦悩にあえぐ民衆を救い切るため、大難の中で、断じて正法を弘めてみせるとの強き覚悟に立たれているからです。

この原理を、私たちは深く学びたい。厳しい環境や境遇であったとしても、それをただ「嘆いて」いるのではなく、自身の一念を変革し、自らが主体者となっていけば、周りの状況を変えていくことができる。

そして、自分のためだけでなく、人のために、社会のためにと行動するからこそ、そこに真の「喜び」が湧くのです。これが「人間革命」の生き方です。

なぜ学会員が強いのか。そして明るいのか。自分の幸福だけでなく、広宣流布即世界平和という無上の生き方があるからです。

今も各国、各地で多くの学会員の方々が、自らが苦境に直面しながらも、友の激励のためにと立ち上がってくれています。

ただ、自分のことだけをお願いする、受け身の〝救われる存在〟から、仏の側に立って、喜び勇んで〝人々のために戦う〟〝人々を救う存在〟へ――。この地涌の使命を自覚した、人間革命の転換劇にこそ、自他共の尊極な生命の脈動があるのです。

勇敢に前進する「伝持の人」に

いかなる人々であれ、救ってみせる。これが御本仏の大慈悲です。この慈悲と寛容に満ち溢れた精神こそ日蓮仏法の魂です。

しかし、いかに優れた教えでも、後継者がいなければ多くの人に伝わっていきません。

本抄には、「伝持の人無ければ、なお木石の衣鉢を帯持せるがごとし」（新610㌻・全508㌻）とも仰せです〈注6〉。

「伝持の人」すなわち「後継者」である未来部の皆さんこそ、この崇高な学会精神を受け継ぎ、21世紀の世界へ、「人間の宗教」の広宣流布という〝現代の未来記〟を掲げて勇敢に前進していただきたいのです。

御文

（新610ページ・全508ページ）

月は西より出でて東を照らし、日は東より出でて西を照らす。仏法もまたもってかくのごとし。正像には西より東に向かい、末法には東より西に往く。

現代語訳

月は西から出て東を照らし、日は東から出て西を照らす。仏法もまた、この通りである。

正法ならびに像法時代には、仏法は西のインドから東の日本へ伝わり、末法においては、南無妙法蓮華経の大仏法が、東の日本から西へと流布していくのである。

大聖人が「釈尊の未来記」を実現

この御文の前には、「もし日蓮無くんば仏語は虚妄と成らん」(新609ページ・全507ページ)、また「日本国中に日蓮を除き去っては誰人を取り出だして法華経の行者となさん」(同ページ)と仰せです。

大聖人が「釈尊の未来記」を、ただお一人、現実のものとしてきたことを高らかに宣言されています。

さらに本抄では、釈尊の仏法の歴史では成し遂げられなかった未来記として、法華経の肝心である南無妙法蓮華経の大法が、全世界に広まっていくことを明確に示されています。

釈尊の仏法と大聖人の仏法の広がりは、天体の「月」と「太陽」に譬えられています。

まず「月は西から出でて東を照らし、日は東から出でて西を照らす」と仰せです。

〝月も太陽と同じく東から昇って西に沈むのでは？〟と思われるかもしれません。

これは、当時、一般でも言われていた表現です。一説には、月が一日の最初に見える位置が毎日、東に少しずつ寄って現れるので、「西から出でて東を照らす」とされました。また一説には、新月（陰暦）が日没後まもなく西の空低くに出て東方を照らすものの、すぐに沈んでしまうことを譬えているともされています。

このような月の西から東への動きと同じように、釈尊の仏法は月氏の国と呼ばれる西のインドから、東の日本へと伝わりました。これを「仏法東漸」といいます。

そして東天から昇る太陽の動きと同じように、大聖人の南無妙法蓮華経の大仏法は、東の日本から西へと流布していくのです。

本抄で、大聖人は御自身の未来記として、「仏法必ず東土の日本より出ずべきなり」（新６１１ページ・全５０８ページ）と仰せです。これが「仏法西還」です。「東洋広布」であり「世界広布」です。末法万年にわたって、世界宗教として地球上の民衆を幸福にしていくということです。

「仏法西還」を学会が実践

戸田先生は第2代会長に就任された１９５１年（昭和26年）夏、「大白蓮華」に発表された論文「創価学会の歴史と確信」で、この御文を引用されています。

「創価学会は絶対にこれを信ずると共に、この信念にむかって、活動を開始してきたのである」

事実、民衆仏法を世界中に流布し、「大聖人の未来記」である「仏法西還」を、現実のものとしてきたのが創価学会です。

戸田先生が未来部の会合で語られたことがあります。

「将来、誰もが幸せを噛みしめることができて、国境や民族の壁のない地球民族主義〈注7〉の平和な世界を築かねばならない。みんなは、きょうのこのおじさんの話を忘れないで、少しでも、この夢を実現してほしい」と。

私は、「顕仏未来記」の一節を胸中に刻み、恩師・戸田先生を常に心に思い描きながら、あの国、この地で妙法の種をまき、世界中の友を励ましてきました。

この「仏法西還」について、未来部の友と学んだこともあります。

1968年（昭和43年）8月、全国の高等部の代表がはつらつと出席した第1回の高等部総会で、「顕仏未来記」の一節を拝して、参加者と「まず1カ国の外国語に習熟しよう」と約し合ったのです。

新時代の指導者の要件としても、また地球社会の平和を築く「世界市民」を輩出するためにも、外国語に習熟することが、必須の条件であると確信していたからです。

この時に参加していた未来部メンバーが今、それこそ世界各国の各界で活躍しています。

新たなグローバル時代を生きゆく未来部の皆さんには、いやまして大いなる夢や希望、理想をもち、今は「勉学第一」で、学びに学び、大いに力をつけ、社会へ、世界へと羽ばたいていってほしいと強く念願しています。

「深い」人生を生き抜く「丈夫」に

本抄の後段には「浅きを去って深きに就くは、丈夫の心なり」（新612ページ・全509ページ）という、伝教大師〈注8〉の言葉が示されています。

これもかつて、「鳳雛会」という未来部の人材グループに指針として贈った一節です。

境遇に紛動されたり、自分の快楽だけを追い求めたりするような「浅い」人生ではなく、「世界広布」「世界平和」という大目的のために生きる、崇高な「深い」人生を選択しようということです。

それが「丈夫の心」であるということです。

「丈夫」とは「正道を進んで退くことがない修行者」を意味すると共に、「立派な人物」という意味があります。

したがって「丈夫の心」とは、広宣流布の大願に生き抜く「勇気の心」「挑戦の心」であり、「師子の心」と言えるでしょう。

「共生の時代」開く民衆の連帯

世界中の人々が困難な時代に直面するなかで、192カ国・地域に広がるSGI

の善の連帯に、各界から期待と称賛の声が寄せられています。

インドの〝戦う知性〟であるラダクリシュナン博士〈注9〉は、こう語っています。

「創価学会は、一千数百万の熱心なメンバーを持つすばらしい運動へと発展しました。それは今も争いあう諸国家が引き裂いた世界に、平和の波動を送りつづけています。これは、建設的な大きな目標のために、民衆の力を結集した、みごとな実例です」

今こそ、平和と共生の時代を創り開く民衆の連帯が強く求められています。

創価学会の「創価」には、まさに価値を創造する意味が込められています。どのような環境にあったとしても、たとえ距離は離れていたとしても、人と人、そして、心と心の絆を、創意工夫して結び合い、「平和の価値」「人道の価値」「幸福の価値」を新たに創造していくのが、私たち創価の人間主義の挑戦なのです。

新時代の鳳雛として、壮大な世界平和の旅路へ、颯爽と羽ばたいていってください。

地涌の菩薩として雄飛、乱舞を

最後に、信頼する皆さんに、今再び巻頭言「鳳雛よ未来に羽ばたけ」の結びを贈ります。

「どうか諸君は、その純粋なる信心を、どこまでも、いつまでもたもち続け、真の学会精神を受け継ぎ、諸先輩が心血をそそいで築き上げた基盤のうえに、やがて、思うがままに雄飛、乱舞していただきたい。

諸君が、見事に成長し、共に、いっせいに起ち上がるときこそ、広宣流布大願成就の時なりと確信し、莞爾として、一日一日を送っていただきたい。

社会のため、法のため、自己のために、若き、戦う地涌の菩薩として、立派に成長しゆかれんことを――」

［注　解］

〈注１〉【「鳳雛よ未来に羽ばたけ」】「大白蓮華」１９６５年（昭和40年）11月号に掲載された。当時の模様は、小説『新・人間革命』第９巻「鳳雛」の章に詳しく描かれている。

〈注２〉【顕仏未来記】文永10年（１２７３年）閏５月11日、日蓮大聖人が、佐渡流罪中に一谷で述作された書。大聖人の未来記が明かされている。宛名はないが、実質的には全門下に与えられた御書といえる。

〈注３〉【生老病死】人間が免れがたい根源的な四つの苦しみ。生まれること（生きること）、老いること、病むこと、死ぬこと。「四苦」ともいう。これらの苦しみの克服が仏道修行の目的となる。

〈注４〉【閏５月】文永10年（１２７３年）は、５月の後に、「閏月」が挿入された。閏月とは、太陰暦が１年約354日なので、季節と暦とのずれを調節するために同じ月を繰り返したもの。

〈注５〉文永８年（１２７１年）９月、竜の口の法難の後、権力者と結託した悪僧の画策によって、10月に佐渡流罪と決まり、約２年半にわたって佐渡で過ごされた。最初は「塚原」で過ごし、後に「一谷」に移られた。いずこの地でも、その過酷な暮らしの様子は、「種々御振舞御書」（新1234ページ・全916ページ）等に詳しく記されている。

〈注6〉御文の意味＝（経典があっても）仏法を持ち、伝えていく人がいないので、それはちょうど木像・石像が法衣を着て、鉢を持っているようなもので、何の役にも立っていない。

〈注7〉【地球民族主義】戸田先生が、1952年（昭和27年）の青年部研究発表会の席上、自身の思想として宣言された。全世界の全ての民族が、互いに争いや差別にとらわれるのでなく、人間を主とした同じ地球民族として、相互扶助の精神で、共に繁栄していこうとする共生と調和の思想。

〈注8〉【伝教大師】最澄（767年～822年）。平安朝時代の日本天台宗の開祖。『山家学生式』『法華秀句』『顕戒論』等を著した。

〈注9〉【ラダクリシュナン博士】1944年～。インド・ケララ州生まれ。アンナマライ大学で博士号を取得。ガンジーの研究を通じて平和運動に携わる。1990年～2001年、国立ガンジー記念館館長を務める。池田先生との対談集『人道の世紀へ　ガンジーとインドの哲学を語る』のほか、著書に『池田大作　偉大なる魂』などがある。引用は、『ガンジー・キング・イケダ――非暴力と対話の系譜』（栗原淑江訳、第三文明社）。

佐渡御書（上）

師子王の心で君よ勝て！

「冬は必ず春となる」（新1696ﾍﾟｰｼﾞ・全1253ﾍﾟｰｼﾞ）

厳寒の冬を越えて、希望の春へ――。春の3月のことを弥生と言いますが、「弥」には「いよいよ」という意味があります。

春はいよいよ万物が躍動する季節。そして宝の未来部の友にとっては、いよいよ卒業・進学・進級・就職等を迎える大切な節目です。

人類全体がコロナ禍の困難に立ち向かう中、未来部の皆さんも、さまざまな苦労と忍耐を余儀なくされてきたことでしょう。

オーストラリアの創価家族が朗らかに（2017年11月）

青春時代の労苦は全て財産に

学校に登校できず、自宅での学習に励む日々もありましたね。クラブ活動が再開されない、修学旅行等の行事も変更になるなど、思うようにいかず残念な思い、悔しい思いをしたメンバーも少なくないでしょう。

しかし、長い目で見れば、青春時代の最も鋭敏な時期に、思いもよらぬ試練に出遭ったことには、きっと深い意味があります。その労苦の経験が、大きく役に立ち、生かされる時が必ず訪れます。

「艱難に勝る教育なし」

戦後の大混乱の中で、17歳の私は、この言葉を書いて部屋に貼って、自らに言い聞かせました。

未曽有の災禍を経験しているからこそ、生命の大切さを深く心に刻んで、人の苦しみや痛みも分かっていく。困っている人のために行動していく。そうした人間として立派な民衆のリーダーへと育っていってほしい。そして、自身の使命の舞台で勝ち光ってもらいたい――ただただこの一心で、一人一人の健やかな成長と活躍を、妻と祈る毎日です。

未来部の皆さんこそ、2030年の創価学会創立100周年を担い立つ若き主人公です。人類の宿命転換に挑み、新しい「黎明」を告げゆく世代です。

黎明といえば、学会は、1966年（昭和41年）を世界広布への新たな出発を誓い「黎明の年」と定め、そして未来部メンバーの飛翔を願って「高等部の年」と銘打ちました。この年、私は毎月のように高等部の代表メンバーに御書講義を行いました。当時、大人の幹部への指導を優先してほしいという声もありました。

しかし、私は広宣流布の大いなる前途を展望し、高等部・未来部の皆さんが自身の使命を自覚して大成するように願い、育成に全力を傾けたのです。

その時に男女高等部のメンバーと研鑽した御書の一つが「佐渡御書」〈注1〉です。

今再び、新時代を担いゆく大切な未来部世代の皆さんと「佐渡御書」を拝して、何のための信仰か、創価の生き方とは何か等について、共々に学び合いたいと思います。

御文

（新1284ページ・全956ページ）

世間の法にも、重恩をば命を捨てて報ずるなるべし。また、主君のために命を捨つる人はすくなきようなれども、その数多し。男子ははじに命をすて、女人は男のために命をすつ。魚は命を惜しむ故に、池にすむに池の浅きことを歎いて、池の底に穴をほりてすむ。しかれども、えにばかされて釣をのむ。鳥は木にすむ。木のひききことをおじて、木の上枝にすむ。しかれども、えにばかされて網にかかる。人もまたかくのごとし。世間の浅きことには身命を失えども、大事の仏法なんどには捨つること難し。故に仏になる（成）人もなかるべし。

現代語訳

世間の道理でも、重い恩に対しては命を捨てて報いるものである。

また、主君のために命を捨てる人は少ないように思われるけれども、その数は多い。男は名誉のために命を捨て、女は男のために命を捨てる。

魚は、命を惜しむため、すみかとしている池が浅いことを嘆いて、池の底に穴を掘って住んでいる。しかし、餌にだまされて釣り針を飲みこんでしまう。鳥は、木をすみかとしているが、その木が低いことを恐れて、木の上の枝に住んでいる。しかし、餌にだまされて網にかかってしまう。

人もまた、これと同じである。世間の浅いことのために命を失うことはあっても、大事な仏法のためには身命を捨てることが難しい。それゆえ、仏になる人もいないのである。

逆境の地で著された「佐渡御書」

「佐渡御書」は文永９年（１２７２年）３月、日蓮大聖人が法難で流された佐渡の地から、広く門下一同に向けて与えられた御書です。まず、背景となる佐渡流罪について確認しておきたい。

本抄で「世間の失一分もなし」（新１２８８㌻・全９５８㌻）と仰せの通り、流罪といっても、「正義の中の大正義」を貫かれた大聖人には、社会的な違法行為など全くなかった。

大聖人から邪悪な本性を見破られ、厳しく破折された極楽寺良観〈注２〉らの宗教的権威と結託した幕府の権力者らが、何の罪もない大聖人を不当にも捕縛したのです。そして、深夜に斬首を企んだのが、文永８年（１２７１年）９月12日の竜の口の法難〈注３〉です。しかし、大聖人の御命を奪うことなど絶対にできなかった。そこで最終的に佐渡への流罪が決まったのです。

大聖人が佐渡・塚原の三昧堂（葬送用の堂）に入られたのは同年11月１日。今の暦で12月です。佐渡は酷寒の地であり、加えて衣類や食料にも事欠く状況でした。住まいも「天井は板間が合わず、四方の壁は破れて、雪が降り積もって消えることがない」（新１２３４ページ・全９１６ページ、通解）というありさまです。さらには、念仏者らから常につけ狙われるという、想像を絶する厳しい環境下だったのです。

しかし、大聖人は、この大難も悠然と乗り越えていかれた。そして、民衆救済の大情熱はさらに燃え盛っていった。

「当世日本国に第一に富める者は日蓮なるべし」（新101ページ・全223ページ）との赫々たる御境涯で生き抜かれたのです。

大難を受けている門下に渾身の激励

一方で、弾圧の手は鎌倉などの門下にも及んでいました。土牢に入れられたり、追放や所領没収などの処分を受けたりしたのです。

それは「鎌倉でも幕府の処罰の時には、千人のうち九百九十九人は退転してしまった」（新1223・全907ページ、通解）と記されているほどの大迫害でした。

大難の渦中、直接会うことはできないからこそ、何としても門下を励まさずにはいられない。一人も退転させてなるものか――本抄は、そうした御真情に満ちあふれた、門下に対する渾身の激励の書と拝されます。

私たちは何に生きるべきか

本抄の冒頭で大聖人は、「世間に人の恐るるものは、火炎の中と、刀剣の影と、この身の死するとなるべし」（新1284ページ・全956ページ）と仰せです。「炎に包まれること」「剣をかざして襲われること」「この身が死に至ること」は、誰でも恐ろしいことである――生死という、人間にとって最重要の根本問題から書き起こされています。

人は何より死を恐れる。何よりも命が大事だからです。仏法では「全宇宙に満ちた財宝も命には替えられない」と説きます。

しかし、一般世間でも、主君からの恩賞に報いるためなど、あえて自ら大事な命を捨てることも少なくないと指摘されています。これは、当時の価値観や倫理観によるものでしょう。

さらには魚や鳥の譬えを通して、命を大切にして惜しんでいるようであって、結果的に愚かにも命を失ってしまう場合もあることを教えられています。

「人もまたかくのごとし」です。

「えにばかされて」とありますが、魚や鳥など動物の習性に限ったことではありません。私たち人間であっても、目先の利益などに、とらわれ、惑わされ、ひいてはわが身を滅ぼしてしまうという悲劇も起こり得るのです。

大聖人は「大事な仏法のために身命をなげうってこそ、仏になれる」と示されています。

人間として生まれ、最高の生命尊厳の哲理である仏法に巡り合う。実は、これ以上の福徳はありません。だからこそ、この福運（幸福をもたらす運）に満ちた命を何に使うのか。そして尊き一生を、いかに最極の価値あるものとしていくか。

大聖人は仏法のため、広宣流布のために、その命を使いなさいと仰せです。具体的に言えば、自他共の尊厳を輝かせ、自分に縁した人をも幸福にするためです。また絶望も希望へと変えるためであり、和楽の家庭を築くため、地域と社会の繁栄のためです。そして平和と人道の世界を開くため、自然環境を守るため、人類の宿命転換のために生き抜いていきなさいと教えているのが、日蓮仏法です。

ですから「大切な命を何に使うか」ということは、本抄御執筆から750年の歳月を超えて、大聖人が直接、皆さんに鋭く呼び掛けられている命題であると言えましょう。

法のために、わが身命を惜しまず行動することを「不惜身命」〈注4〉といいます。もちろん、命を軽んじたり、簡単に投げ出したりするということではありません。広宣流布のため、人々の幸福のために、自分の命を使うと決め、生命力を燃え上がらせて、生きて生きて生き抜いていくことなのです。

ゆえに皆さんは、何があっても尊い命を大切にしていただきたい。どんなに辛く苦しいことがあっても、絶対に負けないで、聡明に前へ前へ進んでいっていただきたいのです。

誰人にもかけがえのない使命が

かけがえのない何かのために自分の「命」を「使う」、すなわち「使命」は、誰人にも必ずあります。

「使命」のない人は、いません。一人も残らず、皆が平等に「尊極」な存在であることを教えているのが仏法です。私の恩師である戸田城聖先生は言われました。

「私たちは広宣流布という大使命があって、この世に生まれてきたのです。この使命を忘れない限り、世界の平和も必ず実現します」

この自分の「使命」を見つける心の旅は、青春時代の特権でしょう。私は、19歳の夏の戸田先生との出会いこそが、わが使命の人生の出発となりました。今日があるのは、全て先生のおかげです。

日々、地道に堅実に進む

「大事の仏法」に生きるとは、何か特殊な修行や実践を指しているわけではありません。

自分自身の人間革命のために勤行・唱題に挑む。自他共の幸福を目指して、目の前の一人を大切に励ます。まさしく、皆さんのお父さん、お母さん方、また先輩の方々が日々、実践してきた地道な学会活動にほかなりません。皆さんは、今は、勤行・唱題に挑戦しながら、着実に勉学に励んでいただきたい。そして親孝行を忘れず、良き友情を大切にすることです。

平凡なようで堅実な一日一日の積み重ねこそが、「心の財」を積むからです。仮に途中でつまずいたり、悩んだりすることがあっても、あとになれば全て自分を大きく成長させるための財産となります。

焦る必要はありません。良き友と共に今の清新な「誓い」を貫き通してほしい――それが皆さんを信頼する先輩方の願いです。

御文 （新1285ページ・全957ページ）

畜生の心は、弱きをおどし、強きをおそる。当世の学者等は畜生のごとし。智者の弱きをあなずり、王法の邪をおそる。諛臣と申すはこれなり。強敵を伏して始めて力士をしる。悪王の正法を破るに、邪法の僧等が方人をなして智者を失わん時は、師子王のごとくなる心をもてる者、必ず仏になるべし。例せば日蓮がごとし。

現代語訳

畜生の心は、弱い者を脅し、強い者を恐れる。今の世の中の僧たちは、畜生のようなものである。智者の立場が弱いことを侮り、王の邪悪な力を恐れている。こびへつらう臣下とは、このような者をいうのである。強敵を倒して、はじめて力のある者であると分かる。悪王が正法を破ろうとし、邪法の僧たちがその味方をして、智者を亡きものにしようとする時は、師子王の心を持つ者が必ず仏になるのである。

例を挙げれば、日蓮である。

大難に立ち向かう雄姿を示す

「佐渡御書」の核心となる一節です。

「師子王のごとくなる心をもてる者、必ず仏になる」――ゆえに、大聖人と同じように、門下もまた「師子王の心」を取り出して、どんな大変な逆境も乗り越えていきなさいと、力強く教えられている御文です。

ここで、「当世の学者等」、すなわち当時の諸宗の僧らは「畜生の心」であると喝破されています。彼らは、「王法の邪」、すなわち邪悪にして強大な権力に迎合したのです。

しかし大聖人は「強敵を伏して始めて力士をしる」と仰せです。たとえ迫害を受け、大難に遭ったとしても、強敵と堂々と戦い、そして断固として勝ってみせるとの宣言とも拝されます。あまりにも「畜生の心」とは対極にある大境涯です。障魔の嵐に厳然と立ち向かわれる大聖人の雄姿に、門下たちはどれほど勇気づけられ、奮い立ったことでしょうか。

いついかなる時も「師子王の心」で

続く「悪王の正法を破るに……」からの一節は、私自身、戸田先生から学び、生命に刻みつけてきた御聖訓です。

戸田先生が第二代会長に就任される直前にも、私は、この御文を拝して日記に書き記し、師弟の誓いを新たにしました。

1966年に高等部への御書講義をした際、若き鳳雛の皆さんに向けて、特に力を込めて語った一節でもあります。

「悪王」と「邪法の僧等」が結託して、「智者」を亡きものにしようとする――これが、大聖人御在世のみならず、その後も広布の前進を阻もうとして起きた迫害と弾圧の構図です。

こうした悪が手を組んで圧迫してくる時に、「師子王のごとくなる心」をもって正法を守るために立ち上がる者こそが、成仏の境涯を得ることができると断言されています。

いかなることがあっても、正法を守り、弘め抜かなければ人々の幸福の道を閉ざしてしまう。だからこそ、この究極の正義のために戦う不惜身命の実践こそが、末法という時に適った最高の修行であり、その人は必ず仏になることができるのです。

「勇気」と「負けじ魂」が胸中に

大聖人は「例せば日蓮がごとし」と仰せです。師匠が大難と戦い、敢然と勝ち越えたように、〝弟子もまた「師子王の心」で決然と立て〟と呼び掛けられているのです。

この大聖人の「師子王の心」を現代に受け継ぎ、第2次世界大戦中の軍部政府からの弾圧に屈せず、戦い抜かれたのが、初代会長の牧口常三郎先生であり、第2代会長の戸田先生です。戸田先生は「佐渡御書」の講義で、この一節を拝して「学会精神というものは、日本の国、世界の国を救わんがためにやっているのです」と語られました。

いかなる苦難や困難があったとしても、日本中、そして世界中の人々を救うために、「師子王の心」を奮い起こして前進してきたのが、創価学会の厳たる歴史であり伝統です。

一人立つ、師子と師子の共戦。これが学会員の生き方にほかなりません。ここにこそ何ものにも壊されることのない、真実の異体同心の団結が生まれるのです。広布の草創期も、また近年も、御書に示された通りの大難が幾度も学会に襲いかかってきました。私と一緒に、一切を勝ち越えてくれた各地の功労者、そして皆さんのお父さんやお母さん方こそ、宝の同志です。

経典では、仏はよく師子王に譬えられます。「師子王は百獣におじず」（新1620ページ・全1190ページ）と仰せのように、師子王は何ものをも恐れぬ最も強い心を持っています。すなわち、「師子王の心」とは「勇気」であり「負けじ魂」と言ってもよいでしょう。

魔と戦うにも、難を乗り越えるにも勇気が必要です。一人一人の人間革命も宿命転換も、さらには社会の変革も世界の平和も、全ては勇気の行動から始まるのです。

栄光と勝利の人生を

私は、2000年（平成12年）11月、「獅子の都」シンガポールを訪問した時にも、師子王の話をしました。「各々、師子王の心を取り出だして、いかに人おどすともおずることなかれ」（新1620ページ・全1190ページ）との一節を引いて、勇気を取り出し、胸中の臆病を打ち破って前進してくださいと激励しました。

シンガポールをはじめ世界の友は、一人一人が師子王となって苦難に打ち勝ち、社会に創価の信頼の輪を広げています。

「師子王の心」こそ、創価の師弟の魂です。師弟の誓願に生きれば、自分自身の生命の中に厳然と備わっている「師子王の心」を取り出すことができるのです。皆さんの年代で「師子王の心」を涌現する大道の第一歩を踏み出すことが、いかに幸福であり、偉大であるか。計り知れない栄光と勝利の人生を進みゆけることは、絶対に間違いありません。

心広々と人間王者の気概で

私の青春時代からの愛読書の一つである『レ・ミゼラブル』の中に、文豪ビクトル・ユゴー〈注5〉の次の言葉があります。

「海洋よりも壮大なる光景、それは天空である。天空よりも壮大なる光景、それは実に人の魂の内奥である」

創価大学の記念講堂のロビーに威風も堂々と立っている「ユゴー像」の台座にも刻まれている一節です。

私は、この言葉を皆さんに贈ります。

私たちで言えば、「魂の内奥」にあるのが、「師子王の心」です。すなわち、仏界の生命境涯です。大海原よりも、天空よりも、もっと壮大な心の持ち主が皆さんにほかならない。心広々と「人間王者」、「生命王者」、「民衆王者」の気概で生きることができるのです。

不二の心で正義を師子吼！

皆さんは若くして人類最高峰の「師子王の仏法」を持っています。

皆さんの胸中には、尊極な「師子王の心」が脈動しています。

ゆえに後継の君たちよ、不二の「師子王の心」で敢然と立ち上がれ！

若き師子王として、師弟共に正義を師子吼して、断固と勝利を開きゆけ！

［注　解］

〈注1〉【佐渡御書】文永9年（1272年）3月20日、佐渡・塚原で御述作され、広く門下全員に与えられた御書。前年の竜の口の法難、佐渡流罪の渦中にあって、弟子の疑問をはらして信心を貫くよう指導・激励されている。

〈注2〉【極楽寺良観】1217年〜1303年。真言律宗（真言密教と戒律順守を重んじる宗派）の僧。良観房忍性のこと。文永4年（1267年）、鎌倉の極楽寺に入ったので、極楽寺良観とも呼ばれる。権力に取り入って、種々の利権を手にする一方、日蓮大聖人に敵対し、大聖人と門下に対する数々の迫害の黒幕となった。

〈注3〉【竜の口の法難】文永8年（1271年）9月12日、日蓮大聖人を幕府権力が不当に捕縛。深夜に連れ出して竜の口で暗々裏に斬首しようとしたが失敗。大聖人は、この法難で発迹顕本され、末法の民衆を救う御本仏としての御境地を顕された。

〈注4〉【不惜身命】「身命を惜しまざるべし」と読み下す。法華経勧持品第13の文（法華経412ページ）。仏法を求めるため、また法華経を弘めるために身命を惜しまないこと。

〈注5〉【ビクトル・ユゴー】1802年〜1885年。フランスの詩人、小説家、劇作家。ロマン主義運動の中心的存在として活躍した。フランス共和国大統領であったルイ・ナポレオン（後の皇帝ナポレオン3世）のクーデターに反対し、19年間の亡命生活を送る。作品に『九十三年』『ノートル・ダム・ド・パリ』ほか多数。『レ・ミゼラブル』（1862年刊）は、ジャン・バルジャンの物語として知られる。引用は、『レ・ミゼラブル 1』（豊島与志雄訳、岩波書店）から。

佐渡御書（下）

嵐に負けない勇者の道を

青春時代に繰り返し聴いた、忘れ得ぬ曲があります。

恩師・戸田城聖先生のもとで働いていた時のことでした。戦後の混乱期で、先生の事業が行き詰まり、打開に悪戦苦闘して私自身も肺病と闘う苦しい日々が続きました。そうしたなか、小さなアパートの一室で、楽聖ベートーベン〈注1〉の交響曲を幾度も聴きました。第5番の〝運命〟や、第9番の〝歓喜の歌〟が、私の命を強く揺さぶりました。

「苦悩を突き抜けて歓喜にいたれ」とのベートーベンの魂の音律に、自身を奮い立たせていったのです。

1961年10月、オーストリアの音楽の都・ウィーンを初訪問した際には、ベートーベンの墓碑の前で祈りを捧げました。

1981年5月には、ウィーン国立歌劇場訪問や、ジノワツ副首相（文部相。後に首相）との会談などの後、現地で活躍する同志たちが「ベートーベンの家」へ案内してくれました。音楽家の生命ともいうべき耳が聞こえなくなるなど、残酷な運命との格闘を続けるなか、ひとたびは絶望しかけて彼が遺書をつづった場所でもあります。

楽聖〝運命に打ち負かされない〟

しかし、押し寄せる宿命に断じて屈しなかった。最後には、時代の闇をも突き抜ける歓喜の調べを人類に贈ったのです。

「どんなことがあっても運命に打ち負かされきりになってはやらない。――

おお、生命を千倍生きることはまったくすばらしい！」〈注2〉
この言葉は、厳しい現実社会の中で広宣流布のために奮闘しつつ、宿命転換に挑み抜き、絶対的幸福を実現したわが創価の同志の方々の姿と重なってなりません。そこには、日蓮大聖人の仰せ通りに、「師子王の心」を取り出して、いかなる試練や苦難にも毅然と立ち向かい、勝ち進んできた誇りがあります。

自らの手本の姿を弟子に教える

大難と戦うことで人間の境涯は限りなく広がっていく——。

日蓮大聖人は命をも奪おうとした度重なる弾圧に打ち勝ち、万年にわたって全民衆を救うために、広宣流布の大道を開かれました。とともに、誰にも襲いかかる人生の宿命を力強く転換する極理を、御自身が手本となって、弟子に教えてくださったのです。「佐渡御書」の後半では、日蓮仏法が示す「宿命転換」という希望の法理について共に学んでいきましょう。

御文

鉄は炎い打てば剣となる。賢聖は罵詈して試みるなるべし。我、今度の御勘気は、世間の失一分もなし。ひとえに、先業の重罪を今生に消して、後生の三悪を脱れんずるなるべし。

（新1288ページ・全958ページ）

現代語訳

鉄は鍛え打てば剣となる。賢人・聖人は罵られて（本物であるかどうかを）試されるものである。私がこのたび受けた処罰（＝竜の口の法難・佐渡流罪）には世間における罪は全くない。ただひとえに、過去世でつくった悪業の重罪を今世で消して、来世の三悪道（＝地獄・餓鬼・畜生）の苦しみを免れるためのものなのである。

信心とは「負けじ魂」の究極

「鉄は炎い打てば剣となる」と仰せです。

鉄は炎で熱せられ、打ちつけられることによって剣となります。私たちも苦難と戦うことによってこそ、宝剣のごとく、生命が鍛えられるのです。

さらに「賢聖は罵詈して試みるなるべし」と、真実の賢人・聖人であるかどうかは、悪口罵詈され、迫害されてこそ明確になると示されています。

古今東西、偉人と呼ばれる人物で難や迫害を受けていない人はいないでしょう。

試練や苦難に遭うというのは、その人の生命の底力が試されているとも言え

誓いの歌声を響かせるインドの中・高等部員（2020年2月）

るのです。一番大変な時に歯を食いしばって忍耐を重ね、一歩も退かない。その時に培った強靱な魂こそが、人生の勝利の軌道を進む根本の力となるのです。そして信心とは、この「負けじ魂」の究極なのです。

人間を強く、善く、賢くする宗教

アメリカの名門・ハーバード大学で「21世紀文明と大乗仏教」と題して講演した折、私は、宗教を持つことが、人間を「強くするのか弱くするのか」「善くするのか悪くするのかか」「賢くするのか愚かにするのか」という視点を提起しました〈注3〉。
人間を「強く」「善く」「賢く」する――。これは日蓮仏法の真髄でもあります。人間不在が叫ばれて久しい現代社会にあって、この「人間のための宗教」がいよいよ求められています。

全ては人間自身の変革から始まるのです。一人一人が、信心の実践を積み重ねるなかで自身の尊厳なる生命に目覚め、本来持っている智慧と力を発揮して最高に価値創造しながら、人々のため、社会のために貢献していく――この「人間革命の連帯」を世界中で築き、広げてきた団体が、創価学会なのです。

東日本大震災で被災した東北の同志は、未曽有の大試練に遭遇する中で、「負げでたまっか」と歯を食いしばり、不死鳥の如く前進してきました〈注4〉。

御書には仰せです。

「災い来るとも、変じて幸いとならん」（新１３２１ページ・全９７９ページ）

「大悪おこれば大善きたる」（新２１４５ページ・全１３００ページ）

そして、「冬は必ず春となる」（新1696ページ・全1253ページ）等々――。

この大聖人の絶対のお約束のまま、尊い「心の財」を積みながら、決してあきらめない、人間の根源の力を示してくれました。

その不撓不屈の〝みちのく魂〟は、日本のみならず、世界の人々に深い勇気を送ってきました。その軌跡は21世紀の大いなる希望の光となっています。

仏に等しい尊極な生命

「佐渡御書」では、「世間の失一分もなし」と示され、流罪の本質は御自身の宿業を転換するためであったと仰せです。そして、日蓮仏法の因果論から、宿命転換の原理を展開されていきます。

いわゆる一般的な仏教の因果応報の考え方を人生にあてはめると、往々にして現在の不幸の原因をつくった過去に目を向けるばかりで、悲観的になりがちです。現実は何も変えられません。

しかし、大聖人は、より根本的な〝大いなる因果〟ともいうべき宿命転換の原理を明かされます。それは法華経を根幹とする因果です。

法華経を根本とするということは、自分にも他の人にも、仏に等しい尊極な生命があると確信していくことです。太陽がひとたび昇り始めれば、闇夜は晴れて大地を明るく照らしていきます。同じように妙法を唱え、わが生命に仏界という元初の太陽が昇れば無明〈注5〉の闇は消え、過去の宿業も転換して、あらゆる苦難や困難を打ち破っていける根源の力が漲ってくるのです。

この時に、宿命の意味が変わります。宿命によって苦しめられていた人生が、宿命と戦い、人間の尊厳を証明する人生へと〝大いなる転換〟をしていくのです。これが「宿命転換の宗教」です。そこには、蘇生があり、晴れ晴れとした未来があるのです。

「宿命を使命に変える」生き方

戸田先生は、「法華経には、仏も病気になることが説かれている」と言われていました。

その理由について先生は、「衆生は皆、病気をもっている。そこで、その衆生を救うには、仏自身も、病気をもっていないとつきあいにくいからです」と、深い仏法と人生の哲学を、わかりやすく明かされています。

自分が病苦や悩みに直面し、それを乗り越える姿を示すことが、大勢の人々の勇気の源となり、希望の泉となるからです。

法華経には、悪世に生まれて苦しんでいる人たちを救うために、菩薩たちが自ら勇んで、その悪世に飛び込んでいくことを誓う場面が描かれています。すなわち、その菩薩たちは、自ら悪業を背負って生まれ、宿命と戦う姿を通して、苦悩の世界にいる人々を励ましていくのです。このことを、「願兼於業」といいます。

人々は、その菩薩の姿を見て、自分たちも立ち上がれることを知ります。人間には、本来、あらゆる困難を乗り越えていく力が潜在的に秘められていることを発見し、自覚するのです。妙法への信による内発の力で、自分を襲った宿命や苦難を、はね返していくのです。そして、今度は、自身が周りの人々を励ましていく存在に変わっていく――。

この「宿命を使命に変える」生き方は、今日でいえば、多くの人々の「エンパワーメント（内発的な力の開花）」や、「レジリエンス（困難を乗り越える力）」を引き出す作業と軌を一にするものです。

ここに菩薩の誓願の力があります。

ノーベル平和賞を受賞したアルゼンチンの人権活動家エスキベル博士〈注6〉は、創価学会が創立90周年を迎えた際、祝福の声を寄せてくださいました。その中で博士は、コロナ禍だからこそ、これからの人類にとって「精神性の強さ」が必要になると指摘して、次のように述べています。

「どうか、人生において笑顔を絶やさないでください。最も困難な時こそ、前進し続けなくてはなりません。私たちは常にその『希望の力』で、より良い世界を築くことができるのです。

創価学会の皆さんは、人生の意味を語り広めています。皆さん方には、まだまだやることが多くあります。なぜなら、この戦いには終わりがないからです」

「そして、後に続く人たちも同じ道を歩んでいかなければなりません」

世界中の学会員が、この「宿命を使命に変える」希望の信念を力強く貫いています。博士は、常に多くの人を励ましている学会員の行動を見て、深い共感を示されています。

そして、今、後に続く正義の走者が陸続と躍り出てくれています。

皆さん一人一人が、誰もが、希望の人材です。皆さんの成長を、学会に共鳴してくださる多くの識者たちも心待ちにしているのです。

青春の翼を強く大きく鍛える

未来部の皆さんも、さまざまな悩みがあるでしょう。でも自分がつらい思いをした人は、友の心の痛みがわかり、励ましを送ることができます。つらいことを乗り越えた分、自分が大きくなり、青春の翼を強く大きく鍛えていけます。何一つムダなことはありません。

焦らず、臆さず、そして聡明に、良き先輩や友人などに相談しながら前へ進むことです。

大切なことは、生涯、不退の信仰を貫くことです。その「師子王の心」の大切さを述べられているのが、次の拝読御文です。

御文

（新1291ページ・全960ページ）

日蓮を信ずるようなりし者どもが、日蓮がかくなれば、疑いをおこして法華経をすつるのみならず、かえりて日蓮を教訓して我賢しと思わん僻人等が、念仏者よりも久しく阿鼻地獄にあらんこと、不便とも申すばかりなし。（中略）「日蓮御房は師匠にてはおわせども余りにこわし。我らはやわらかに法華経を弘むべし」と云わんは、蛍火が日月をわらい、蟻塚が華山を下し、井江が河海をあなずり、烏鵲が鸞鳳をわらうなるべし、わらうなるべし。

現代語訳

日蓮を信じているようであった者たちが、日蓮がこのような身になると疑いを起こして法華経を捨てるだけでなく、かえって日蓮を教え諭して自分は賢いと思っている。こうした愚か者たちが、念仏者よりも長く阿鼻地獄にいるであろうことは不憫としか言いようがない。

（中略）

「日蓮御房は師匠ではいらっしゃるが、あまりにも強引だ。私たちは柔らかに法華経を弘めよう」などと言っているのは、蛍火のようなかすかな光が太陽や月を笑い、蟻塚が華山（中国の名山）を見下し、井戸や川が大河や海を侮り、鵲が鸞鳳を笑うようなものである。笑うようなものである。

法華経を弘通する師匠の偉大さ

本抄の御執筆当時、鎌倉の門下たちにも弾圧の嵐が吹き荒れていました。その中で、信仰を疑うようになり、臆病にも退転していく人たちもいました。「法華経の行者」である大聖人を迫害する人々が出現することは、経文に照らして必然的ともいえます。しかし、残念なのは、門下となりながら、大聖人が流罪の身となると、正法を捨てるだけでなく、〝自分の方が賢い〟などと非難し始めた人々がいたことです。

こうした慢心の者は、教えを素直に受け止められない。釈尊が「十八界（物事を認識する18の要素）」を説けば、修羅は一つ多い「十九界」と言い出す。仏が「一究竟道（ただ一つの究極の覚り）」を説けば、外道は「九十五究竟道」などと、それぞれ勝手なことを言う。同じように心が曲がった彼らは、「日蓮御房は師匠ではいらっしゃるが、あまりにも強引だ。私たちは柔らかに法華経を弘めよう」などと師匠を批判したのです。

そうした人々に対して、大聖人は「蛍火が太陽や月を笑い、蟻塚が華山を見下し、井戸や川が大河や海を侮り、鵲が鸞鳳を笑うようなものである。笑うようなものである」と悠然と見下ろされています。

大難を耐え忍んだ慈悲の御生涯

「蛍火」と「太陽の光」。小さな「蟻塚」と仰ぎ見るような「大山」。「井戸や川」と「大河や大海」。ここで大聖人が対比されているのは、あまりにも明瞭な境涯の違いです。

大聖人は、立宗宣言のその日から、未来永遠にわたって、苦悩の全民衆を絶対に救っていこうと大闘争を開始し、この佐渡流罪に至るまで、また、これからも、自ら立てた誓願を絶対に破ることはないと宣言されています。

「身近な人々」から「社会を構成するあらゆる人々」を、「一国」そして「全世界」を、さらには「今」だけでなく「未来」をも視野に入れて、断じて民衆の幸福を、断じて平和をと、大慈悲の闘争を貫かれました。

その御生涯は、「山に山をかさね、波に波をたたみ、難に難を加え、非に非をます」（新72㌻・全２０２㌻）ような迫害の連続でした。大聖人ほど、大難を耐え忍ばれた方はいません。しかし、大難は、もとより覚悟の上であり、どんなに慢心の者が非難をしようとも、その大境涯を打ち破ることなど、できようはずがないのです。

大聖人は、この誓願と一体の広大無辺の大慈悲の境涯を門下に伝えたかったのだと拝されます。また、実際、大聖人のお心に触れて、鎌倉で難に遭っている門下たちの胸中にも勇気がこみ上げてきたに違いありません。弟子たちが不退と誓願の心で立ち上がったことで、師弟不二の「日蓮が一門」が築かれたのです。

学会は「師子王の心」で前進

不退転で信仰を貫く要諦は「勇気」です。

慢心は臆病と表裏一体です。臆病の心では、胸中の魔を破ることはできません。だからこそ、「師子王の心」を取り出して戦うことが大事なのです。

創立の父・牧口常三郎先生も、恩師・戸田先生も、御聖訓通りの「師子王の心」で、あらゆる大難を勝ち越えて、広宣流布の大道を歩み抜かれました。

牧口先生は言われました。

「戦えば戦うほど、こちらが強くなればなるほど、仏法勝負の実証は早く出てくる」「変毒為薬〈注7〉の法門を、身をもって読んでいくのだ」と。

この精神のままに、日本中、世界中の学会員は勇気凛々と前進してきました。

まさに、「佐渡御書」の一節一節を大事に、大聖人直結の精神で立ち上がり、広宣流布の大闘争を繰り広げてきたのが、創価の師弟です。

地球全体が皆さんの舞台

この学会精神を根本に、世界広布、即世界平和の実現という崇高な目的に生き抜いていく。これほど、最高無上の人生はありません。今、そうした誉れの挑戦の青春を歩む未来部の友が、五大州のいずこにも存在しています。皆さんの舞台は地球全体です。

いかなる苦難にも「師子王の心」を、常に出し続けて、不惜の精神〈注8〉で乗り越えていく。その決定した信心に、勝利と栄光が輝いていくのです。

「広宣流布の一切を委ねます」

かつて高等部の代表に「佐渡御書」を講義した際に呼び掛けた言葉を、あらためて、未来の希望であり、正義の走者である後継の皆さんに贈りたい。

——創価学会の精神こそ、広宣流布を達成する清らかな精神であることを、生涯、忘れないでいただきたい。また、それを後輩に教えていっていただきたい。広宣流布の一切を、諸君に委ねます！――と。

［注解］

〈注1〉【ベートーベン】ルートウィヒ・バン・ベートーベン。1770年〜1827年。ドイツの作曲家。ボンに生まれ、ウィーンに移住。古典主義からロマン主義への移行期に活躍。耳が聞こえなくなるという苦難をも乗り越えて、九つの交響曲をはじめ多くの名作を残し、楽聖と称えられる。

〈注2〉引用は、『ベートーヴェンの生涯』（ロマン・ロラン著、片山敏彦訳、岩波書店）から。

〈注3〉池田先生は世界最高峰の知性の殿堂・ハーバード大学で2度の講演を行っている。1度目は1991年9月26日に「ソフト・パワーの時代と哲学」、2度目は1993年9月24日に「21世紀文明と大乗仏教」。引用は第2回講演から（『池田大作全集』第2巻）。

〈注4〉2011年3月11日、三陸沖を震源とした大震災で、池田先生は発災直後から、いかなる苦難も「心の財」は壊せない、断じて負けるな、勇気を持て、希望を持てと、同志を激励し続けてきた。

〈注5〉【無明】生命についての根源的な無知。真実の教えを聞いても信じようとしない。

〈注6〉【エスキベル博士】アドルフォ・ペレス・エスキベル。1931年〜。アルゼンチンの平和運動家、芸術家。ラテンアメリカの軍政下における人権擁護と貧困層の救済を目指す中、１９７７年、逮捕され、14カ月の獄中闘争を続けた。80年、ノーベル平和賞受賞。池田先生との対談集に『人権の世紀へのメッセージ』がある。引用は、２０２０年11月26日付の聖教新聞から。

〈注7〉【変毒為薬】「毒を変じて薬と為す」と読み下す。妙法の力によって、凡夫の苦悩の生命を、偉大な仏の智慧と徳に満ちた生命へと転換することをいう。

〈注8〉【不惜の精神】不惜とは、法華経の文で、仏法を求めるために、また、弘めるために身命を惜しまないこと。命を軽んずることでなく、自身の成仏と広宣流布のために生き抜くこと。

兄弟抄（きょうだいしょう）

学会の伝統「難を乗り越える信心」

私は未来部の皆さんが大好きです。

皆さんには希望があり、夢があり、限りない可能性があります。

皆さんの年代は、本格的な人生へのスタートとなる大切な時です。現実には厳しい試練や運命に直面する時があるかもしれません。しかし、乗り越えられない困難などありません。皆さんの誰もが本来、どんな逆境をも克服できる強い生命力を秘めているからです。

この根源的な力を、一人ももれなく引き出し、勇気と智慧を湧かせ、人生を襲う苦難に負けずに、絶対に幸福になる方途を教えているのが、日蓮大聖人の仏法です。その偉大な仏法を、日本はもとより世界中の人々に教え、広宣流布を進めたのが、創価学会なのです。

今回も、大きく未来に羽ばたいていく皆さんのために御書を講義します。

ここでは、いかなる嵐にも怯まぬ信念の源泉となる「兄弟抄」〈注1〉を学びます。

一歩も退かず戦った先師と恩師

創価学会の7月は「師弟の月」です。

1945年（昭和20年）7月3日、先師・牧口常三郎先生と共に、軍部政府の弾圧と戦い、2年間投獄されていた恩師・戸田城聖先生は、東京・中野の豊多摩刑務所〈注2〉から出獄されました。そしてただ一人、先師の心を継いで、広布の大闘争を開始されたのです。

牧口先生は、その8カ月前に西巣鴨の東京拘置所〈注3〉で殉教されました。牢獄で一歩も退かず、看守を折伏し、訊問でも堂々と正義を主張された牧口先生は、獄中から最後となった便りに、「三障四魔ガ紛起スルノハ当然デ、経文通リデス」と厳然と示されています。牧口先生は当時73歳。「師子王の心」で障魔と戦い抜かれたのです。

広宣流布とは人類救済の大願

広宣流布とは、人類救済の大願です。御聖訓に照らし、全ての人々の幸福と平和実現のために立ち上がった創価の師弟の大闘争に、大難が競い起こることは必然です。私も、1957年（昭和32年）の7月3日、新たな民衆勢力の台頭を恐れた権力によって、無実の罪で不当逮捕され入獄しました〈注4〉。

正しい仏法を実践するゆえに、難に遭う。その時に、鋭く魔を魔と見破り、信心根本に戦い、挑むのか、それとも臆して退いてしまうのか——。大聖人

アメリカとブラジルの合同未来部研修会（2019年6月、アメリカ創価大学）

は、信仰者としての姿勢を明確に教えてくださっています。

もちろん、だからといって皆さんが牢獄に入る必要などありません。どこまでも民衆と青年を守り、一人も犠牲にしないために、一切の矢面に立って戦ってきたのが、創価三代の師弟なのです。

ただし、障魔に打ち勝つ信心は、厳然と受け継いでほしいのです。「難を乗り越える信心」こそ、創価学会伝統の信心だからです。

御文

（新1471ページ・全1081ページ）

されば、法華経を信ずる人のおそるべきものは、賊人・強盗・夜打ち・虎狼・師子等よりも、当時の蒙古のせめよりも、法華経の行者をなやます人々なり。この世界は第六天の魔王の所領なり。一切衆生は、無始已来、彼の魔王の眷属なり。

現代語訳

ゆえに法華経を信じる人が恐れなければならないものは、賊人、強盗、夜討ち、虎や狼、獅子などよりも、現在の蒙古の襲来よりも、法華経の行者の修行を妨げ悩ます人々である。
この世界は第六天の魔王が支配する所である。あらゆる人々は、限りなく遠い過去から、この魔王の家来である。

兄弟2人に送られた激励の手紙

本抄を送られた池上兄弟は、日蓮大聖人の立宗宣言後、比較的初期のころに入信したと伝えられています。信仰を長く貫いてきたその時に、大きな出来事が起こります。

兄弟の父は真言律宗の極楽寺良観の熱心な信奉者で、法華経の信仰に反対し、兄の宗仲を勘当します。武家社会の当時、勘当は家の相続権だけでなく、経済的な基盤も社会的な立場も失うことになります。

また、兄だけを勘当することで、弟の宗長は、信心か家督かを、選択せざるを得なくなる。こうして、弟の心を揺さぶり、兄弟の仲まで引き裂こうとする――まさに分断であり、2人の心を破壊することになる。これが魔の働きです。

「善き心」を破壊する悪知識

この御文では、法華経を信じ、実践する人が用心すべきものは、強盗や猛獣、他国からの攻め〈注5〉よりも、〝法華経の行者の修行を妨げ悩ます人々〟であると仰せです。

そうした〝妨げ悩ます人々〟とは、仏道修行者の心を破り、悪道に導く「悪知識」〈注6〉を指します。具体的には、信心を妨げ、破壊する悪僧、悪人のことです。

「悪知識」は、「甘く語り掛け、詐り、媚び、言葉巧みに、愚かな人の心を奪って、善き心を破る」（新10ページ・全7ページ、通解）とある通り、「善き心」を破壊しようと、言葉巧みに働き掛けてきます。

「第六天の魔王」こそ悪の根源

このような悪縁に紛動されれば、いつしか、不信や不安、迷いや疑いの心が生じていく。そして、自分の心が破られてしまえば、正しい信心が分からなくなってしまう。

こうした悪の働きの根源となるのが、御文に出てくる「第六天の魔王」〈注7〉です。

実は、私たちの住む娑婆世界〈注8〉は、この「第六天の魔王」の働きに支配され、人々は魔王の家来になっている、と大聖人は本抄で教えられています。

第六天の魔王は、家族や有力者などを介して、妙法を持つ人の信心を妨げる働きをし、〝貪りや瞋りや癡かさ〈注9〉という酒を飲ませて、仏性〈注10〉という本心を迷わせる〟（新１４７１・全１０８１ページ、趣旨）等、あらゆる手を尽くして悪へと追いやろうとするのです。

仏の生命を信じ切れない迷い

大聖人は「元品の無明は第六天の魔王と顕れたり」（新1331ページ・全997ページ）と、その本質は「元品の無明」であるとされています。

「元品の無明」とは、私たちの生命に潜む「根源的な迷い」のことです。無明とは、文字通り〝明るく無い〟、すなわち、真理に暗いこと、根本的な無知のことです。自分自身が本来、妙法そのものであること、つまり、仏の生命が具わっている尊い存在であると信じられないことです。

したがって、第六天の魔王といっても、私たちの外側に、何か特別な姿をして存在しているのではありません。言うならば、自分自身の尊厳性、可能性を信じられない迷いの心そのものです。その心に支配されてしまえば、自分で自分を否定し、貶め、破れていくことになる。それが第六天の魔王の働きです。ですから断じて魔王の家来になってはならない。

信心の利剣が魔を打ち破る

では、この第六天の魔王に打ち勝つ力は何か――。

「元品の無明を対治する利剣は、信の一字なり」（新１０４７ページ・全７５１ページ）

とあるように、「信心」の利剣しかありません。〝魔に負けてなるものか！〟と、魔の本質を鋭く見破って強盛な信心を奮い起こして御本尊に題目を唱え、立ち向かっていく時、自身の内なる仏界が開き現れ、必ず魔を打ち破ることができるのです。

難とは成仏への鍛錬

未来部の皆さんの中には、「信心していれば功徳があるはずなのに、なぜ難に直面するのか？」「信心しても、大変な思いをして結局やめるのなら、最初から信心をしない方がいいのではないか」と疑問を持つ人もいるかもしれません。

大聖人は池上兄弟に「石はやけばはいとなる。金はやけば真金となる」（新1474ページ・全1083ページ）と仰せです。もともと、法華経を持つ「金の人」なのだから、断じて試練を乗り越えて、わが生命を真金として明るく強く大きく輝かせていきなさい、との深い信頼のお心が拝されます。

確かに、難のない平坦な道は楽です。しかし、苦難の坂を登り切っていけば、見晴らしの良い山の頂に立つことができる。

つまり、難とは、本質的には私たちの信心が本物かどうかを試すものであり、成仏に向かっての鍛錬となるのです。

戸田先生は、わかりやすく言われました。

「魔は、その人の試練のためなので、ちょうど柔道の先生に投げられ、投げられして、強くなっていくようなものである。来たか、負けるものかと、頑張れば、必ず難局も切り開かれる」と。

「宿命」を「使命」に変える

日蓮仏法は、苦難そのものを「信心の錬磨」「生命の鍛錬」へと意味を深めるものです。私たちの信仰は、宿命に真正面から立ち向かい、忍耐強く戦っていく中でこそ、強くなるのです。何があろうと揺るがない、悠然たる幸福の大境涯の確立――。これが、信仰の目的です。

それまでの仏教では、苦難とは自身の過去世の罪業の報いであると説いていました。しかし、その結果論にとどまる説明だけでは、現実の壁を突破する変革の力とはなりえません。

大聖人の仏法は、自分の運命を変えていく宗教です。妙法は、一切の苦悩を打ち破る根源の力だからです。この大仏法を持つ者にとって、自身の苦難とは、自らの宿命転換のためであり、その姿を人々に教え、仏法の偉大さを証明する使命が私たちにはあるのです。そう捉えて「宿命」を「使命」に変える生き方を貫くのです。教学的に言えば、これを「願兼於業」といいます。これが、菩薩の誓願でもあります。

世界中の創価の同志は、この「宿命を使命に変える」を合言葉に、日々、信心の実践に励んでいるのです。

戸田先生は叫ばれました。

「難が来たら喜べ！　その時が信心のしどころであり、宿命転換のチャンスなのだ。その嵐を乗り越えれば、永遠にわたる大福運をつかんでいけるのだ」と。

御文

（新1479ページ・全1087ページ）

この法門を申すには、必ず魔出来すべし。魔競わずば、正法と知るべからず。第五の巻に云わく「行解既に勤めぬれば、三障四魔、紛然として競い起こる乃至随うべからず、畏るべからず。これに随えば、人を将いて悪道に向かわしむ。これを畏るれば、正法を修することを妨ぐ」等云々。この釈は、日蓮が身に当たるのみならず、門家の明鏡なり。謹んで習い伝えて未来の資糧とせよ。

現代語訳

この法門を説く時には、必ず魔が現れるのである。魔が競い起こらないならば、正法であると知ることができない。『摩訶止観』の第五巻には「仏法の修行が進み、その理解が深まれば、三障四魔が入り乱れて競い起こってくる。……だが、この三障四魔に、決して随ってはならない。恐れてはならない。これに随うならば、必ず悪道に向かわせる。これを恐れるならば、正法を修行することを妨げる」とある。

この『摩訶止観』の釈は、日蓮の身に当てはまるばかりでなく、わが一門の明鏡（よく映る鏡。明らかな指針）である。謹んで習い伝え、未来にわたる糧とすべきである。

正しい信心に必ず魔が競い起こる

「兄弟抄」の中で、最も有名な御聖訓です。

「この法門を申す」とは、仏法の実践に努める時であり、その時に、信心を妨げようとする働きである魔が必ず現れてくる。

大聖人が「魔競わずば、正法と知るべからず」と仰せの通り、修行する法が、成仏への正しい教えであるがゆえに、それを阻もうとする魔が競い起こってくるのです。

大聖人は、『摩訶止観』〈注11〉の文を引用され、仏法の修行が進み、理解が深まれば、「三障四魔」が入り乱れて競い起こってくると仰せです。

三障とは、煩悩障・業障・報障〈注12〉です。この「障」とは、修行の障り、妨げのことをいいます。四魔とは、陰魔・煩悩魔・死魔・天子魔〈注13〉です。「魔」とは、信心修行者の生命の輝きを内側から奪う働きをいいます。

いずれも、私たちの信心修行の実践を阻む働きであると覚えてください。

この中で特に重大なのが、7番目の天子魔です。これは第六天の魔王のことであり、他化自在天子魔ともいいます。他者を自在に操ることを喜びとするのです。まさに人々の心を支配する、最も本源的な魔です。この天子魔は、あらゆる力をもって修行者に迫害を加え、最後には権力者等の身に入るなど、徹底して立ちはだかってくるのです。

こうした障魔に対する私たちの姿勢として強調されている信心の姿勢が、「随うべからず」「畏るべからず」との2点です。

「賢者はよろこび愚者は退く」

「随うべからず」とは、自らの生命が魔に隷属しないこと。「畏るべからず」とは、魔を恐れないことです。つまり、魔の正体を見破る「智慧」と、魔に決然と立ち向かう「勇気」で魔に勝利していく。その結果として、「人間革命」「宿命転換」していけるのです。

大聖人は、池上兄弟の弟・宗長への別のお手紙で「必ず三障四魔と申す障りいできたれば、賢者はよろこび愚者は退く」（新1488ページ・全1091ページ）と仰せです。三障四魔が現れた時こそ成仏への大きな前進の時と確信して、むしろこれを喜ぶ「賢者の信心」で乗り越えていきなさい、と言われているのです。

大聖人は本抄で、「この釈は、日蓮が身に当たるのみならず、門家の明鏡なり。謹んで習い伝えて未来の資糧とせよ」とも述べられています。

これまで大聖人は、伊豆流罪〈注14〉や竜の口の法難・佐渡流罪をはじめ、命にも及ぶ大難に遭われ、その一切に打ち勝ってこられました。これが「日蓮が身に当たる」です。

そして、この御本仏に続いていく門下の「仏道修行の正道」「師弟共戦の大道」は、はるか未来の門下へと続く、令法久住への戦いでもあると仰せです。「習い伝えて未来の資糧」にできるかどうかは、あなた方の闘争にかかっていると大聖人は池上兄弟を励まされました。そして、兄弟は勝ちました。団結第一の信心を貫き、最後は父親が入信するのです。

この御文は、私たちにとって、あらゆる魔を打ち破って、勝利の前進をしていくかどうかが、未来永遠の広布の基盤確立の「資糧」となっていく意義に通ずると拝したい。

苦難は人間の真価が問われる時

かつて語り合った「世界子ども慈愛センター」のベティ・ウィリアムズ会長〈注15〉は、平和と人権のために立ち上がり、戦いを続けられた「平和の闘士」です。

私がウィリアムズ会長に、「不屈の平和行動を貫いた支えとなったものは何ですか」と尋ねた際、会長はこう答えられた。

「信念です。強い意志です。自分の中にある確信について、『勇気を持つ』ことが重要です。何事も、続けなければならない。だれが何と言おうと、あきらめてはならないのです」と。

信心も「勇気を持つ」ことが大事です。勇気とは、強盛な信心の発露です。人生において苦難や苦闘は避けられません。将来、未来部の皆さんも、もう駄目だというような思いをする場面があるかもしれない。しかし、その時にこそ、「勇気を持つ」妙法の信仰者として真価を発揮するのです。いざという時に「勇気」の2字で立ち上がる創価の師子は、必ず最後に勝つのです。

青春時代に不動の信心の骨格を

青春時代とは、いかなる障魔にも負けない不動の信心の骨格を築く時です。

大事なことは、何があっても信心から生涯離れないことです。勇気を持って前進していくことです。

「妙法と共に」「学会と共に」「良き仲間と共に」、善知識の集いの中で進み、人生を勝ち開いてきた先輩たちが世界中にいます。皆、確たる幸福の軌道を歩んでいます。

「勉学第一」「健康第一」で

まずは創立100周年の峰を目指し、皆さんは学会の後継者として、「勉学第一」「健康第一」で学び鍛え、立派に成長していってください。そして、勇気の心で、信心の実践に励み、生涯不退の大道を断じて歩み抜いていただきたい。

今、宝の皆さんの前に、道は限りなく開かれています。

希望と栄光の未来が待っています。

いよいよ皆さんが躍り出て、人類を幸福と平和へ導く時代がこれから到来するのです。

［注　解］

〈注1〉【兄弟抄】池上兄弟および夫人たちに、団結して困難を乗り越えていくように激励された長文のお手紙。なぜ難に遭うのか、その理由を、過去世からの重罪、宿命転換、生命の鍛錬、諸天善神からの試練など、さまざまな観点から明かされている。池上兄弟は、日蓮大聖人御在世当時の門下。兄は宗仲で、弟は宗長と伝えられている。

〈注2〉【豊多摩刑務所】東京府豊多摩郡野方村（設置当時の住所。現在の中野区新井）にあった刑務所。治安維持法制定以後は、思想犯が多数収監された。戸田城聖先生は、約2年間捕らわれていた西巣鴨の東京拘置所から、1945年（昭和20年）6月末、この豊多摩刑務所に移送され、7月3日に出所した。

〈注3〉【東京拘置所】東京都豊島区西巣鴨（現在の東池袋）にあった拘置施設。多くの社会運動家らが投獄された。戦後、連合国軍総司令部（ＧＨＱ）に接収された。後に取り壊され、大型商業施設ビルと東池袋中央公園となった。

〈注4〉池田大作先生は、冤罪によって1957年（昭和32年）7月3日、大阪府警に不当逮捕され、勾留された。7月17日の釈放後、大阪地方裁判所での4年半の審理を経て、1962年（昭和37年）1月25日に無罪判決が言い渡された。

〈注5〉【他国からの攻め】鎌倉時代、元（蒙古）が2度にわたって日本へ襲来したこと。蒙古襲来、元寇、モンゴル襲来ともいう。具体的には、文永の役、弘安の役を指し、いずれも大聖人の時代に起こった。本抄は、文永の役と弘安の役の間のご著作である。

〈注6〉【悪知識】誤った教えを説いて人々を迷わせ、仏道修行を妨げたり不幸に陥れたりする悪僧・悪人のこと。善知識に対する言葉。「知識」とは、友人・仲間のこと。

〈注7〉【第六天の魔王】古代インドの世界観で欲界（欲望にとらわれた人々が住む世界。六層になっている）の最上である第六番の天に住し、仏道修行を妨げる魔王。欲界の人々を支配し、自在に操るので他化自在天とも呼ばれる。

〈注8〉【娑婆世界】迷いと苦難に満ちていて、それを堪え忍ばなければならない現実世界のこと。

〈注9〉【貪りや瞋りや癡かさ】最も基本的な煩悩（心身を煩わし、悩ます働き）である三毒のこと。貪りは、貪欲のことで、欲張り惜しむこと。瞋りは、瞋恚のことで、怒り。癡かさは、愚癡のことで、事の是非に迷う癡かさをいう。

〈注10〉【仏性】一切衆生に具わっている仏の性分、仏界。

〈注11〉【『摩訶止観』】中国の陳・隋時代に活躍した天台大師（538年～597年）が講述し、弟子の章安大師がまとめた。『法華玄義』『法華文句』とともに天台三大部とされる。

〈注12〉【煩悩障・業障・報障】「三障」。「煩悩障」は、貪り・瞋り・癡かなど、自身の煩悩が信心修行の妨げとなること。「業障」は、悪業によって生ずる物事が信仰や仏道修行への妨げとなること。例えば、自分の身近な家族などを縁として起こる。「報障」は、過去世の悪業の報いとして現世に受けた悪い境涯が仏道修行の妨げとなること。自分が従わなければならない存在を縁として起こる。

〈注13〉【陰魔・煩悩魔・死魔・天子魔】「四魔」。「陰魔」は、病気など、修行者の五陰（心や肉体の働き）の不調和が妨げとなること。「煩悩魔」は、煩悩が起こって信心を破壊すること。「死魔」は、修行者の生命を絶つことで修行を妨げようとする、また修行者の死をもって他の修行者を動揺させて信心を破ろうとすること。「天子魔」は、他化自在天子魔の略。第六天の魔王のこと。この他化自在天は、他の者が作った楽しみを奪い、自らの楽しみとする。この天子魔による妨げが、最も本源的な魔となる。

〈注14〉【伊豆流罪】日蓮大聖人は弘長元年（１２６１年）5月12日から同3年（１２６３年）２月22日まで、伊豆国伊東（静岡県伊東市）に不当に流罪された。

〈注15〉【ベティ・ウィリアムズ】１９４３年〜２０２０年。平和運動家。「世界子ども慈愛センター」創設者。北アイルランド生まれ。１９７６年、ノルウェー国民平和賞を、翌年、１９７６年度のノーベル平和賞を受賞。池田先生ご夫妻は、同センターの諮問委員に就任している。

阿仏房御書（宝塔御書）

自身の胸中の宝に目覚めよ！

夜空を鮮烈に駆け抜ける、光の走者の幾筋もの軌跡――。

毎年のように巡り来る「ペルセウス座流星群」や「しし座流星群」をはじめ、流星の放つ光は、私たちの心を宇宙へと誘ってくれる。

忘れられない光景があります。

私の青春時代は、戦争の真っ只中でした。ある夜、空襲警報が鳴り響き、防空壕に逃げ込んだ時のことです。

息を潜めながら、ふと見上げた天空に、一瞬、きらりと流星が走ったのです。

5･5「創価学会後継者の日」を記念した集い（2022年4月、東京）

平和への願いを託したことを今でも鮮明に覚えています。

人間として「生」を受けたこと

宇宙に目を向けると、人は、その広大さと神秘さを前に粛然とします。地球上に、人間として生を受けたことに思いを深くし、そして生命の不可思議を強く感じるのではないでしょうか。

仏法は、この宇宙と人間生命を貫き、支え、生み出す根源の一法を説き明かしました。さらに、誰もが、その根源の法とわが生命を合致させ、幸福と平和への価値創造をしていくとともに、自身の尊厳を輝かせていける具体的方途を示したのです。

人間尊敬、生命尊厳の哲理

この「人間尊敬」「生命尊厳」の哲理を厳然と打ち立てた日蓮大聖人の太陽の仏法が、いよいよ世界をリードしていくべき時代を迎えています。

ここでは、誰もが限りない可能性を持ち、等しく尊い存在であることを教えられた「阿仏房御書」〈注1〉を研鑚します。人類の平和と幸福を創出する光源たる日蓮仏法の卓越した生命観、人間観を共々に学んでいきましょう。

御文

（新1732ページ・全1304ページ）

今、日蓮が弟子檀那、またまたかくのごとし。末法に入って法華経を持つ男女のすがたより外には宝塔なきなり。もししからば、貴賤上下をえらばず、南無妙法蓮華経ととなうるものは、我が身宝塔にして我が身また多宝如来なり。妙法蓮華経より外に宝塔なきなり。法華経の題目、宝塔なり。宝塔また南無妙法蓮華経なり。

現代語訳

今、日蓮の弟子檀那もまた同様である。

末法に入って法華経を持つ男女の姿よりほかには宝塔はないのである。そうであるならば、貴賤上下をえらばず南無妙法蓮華経と唱える者は、そのままわが身が宝塔であり、わが身がまた多宝如来である。

妙法蓮華経よりほかに宝塔はないのである。法華経の題目は宝塔である。宝塔はまた南無妙法蓮華経である。

〝すばらしい、全て真実です〟

本抄を与えられた阿仏房は、夫人の千日尼と共に、佐渡の代表的な門下です。法華経に登場する宝塔の意義が示されており、別名を「宝塔御書」といいます。

先師・牧口常三郎先生も、ご自身の御書に線を引かれ大切にされた御文です。

本抄を学ぶに当たって、宝塔について説かれた法華経見宝塔品のあらすじを確認します。

――釈尊が大勢の弟子たちに法華経を説いていたその時に、突然、七宝〈注2〉で飾られた巨大な宝の塔が大地から涌現し、空中に浮かびます。宝塔の中から多宝如来〈注3〉の大音声が轟きます。〝すばらしい、すばらしい。あなたが説かれたことは、全て真実です〟と、釈尊の説法が真実であると証明するのです。

その後、全宇宙から、ありとあらゆる仏が集まり、いよいよ釈尊が宝塔の扉を開き、その中に入って、多宝如来と並んで座ります。そして説法の場にいた人々全員を虚空（大空）へと浮かび上がらせたのです――。

ここから壮大な「虚空会の儀式」が始まります。

自他共の生命に宝塔を見る

阿仏房は大聖人宛てにお手紙を書き、法華経で説かれるこの宝塔出現の意義は一体何か、と尋ねました。

大聖人は、阿仏房の質問に対して、宝塔涌現のことは大変に重要であり、さまざまに深い意義があるとされた上で、「詮ずるところ、三周の声聞〈注4〉、法華経に来って己心の宝塔を見るということなり」（新1732ページ・全1304ページ）と明確に仰せられています。

「己心の宝塔」です。つまり、自分の目の前に巨大な宝塔が出現したと思っていた釈尊の弟子たちが、実は自分の「己心」の中に宝塔が涌現することを知ったというのです。

そして拝読した御文に「今、日蓮が弟子檀那、またまたかくのごとし」とあるように、大聖人の門下たちにとっても重要なことは、「己心の宝塔」を見ることであると仰せです。

それは、言い換えれば、他の誰でもない自分に、宝塔すなわち尊い仏の宇宙大の生命がもともと具わっていると覚ることです。これこそが宝塔涌出の本義なのです。そして、自分だけでなく、他人の生命にも宝塔が涌現することを見るのです。

誰もが宝塔の輝きを持っている。全ての人が本来、尊極の存在なのだと心の底から実感する。「誰もが等しく尊い存在」――この大いなる真実に気づくことこそが法華経の真髄です。自他共の尊厳性に目覚める民衆が登場することが、仏の願いなのです。

まさしく、この本質の教えに直結する、大事な質問を、阿仏房はしたのです。

現実の人間以外に宝塔はない

「末法に入って法華経を持つ男女のすがたより外には宝塔なきなり」と仰せ

です。「すがた」とはありのままの現実のことです。男女を問わず、現実の人間以外に宝塔はないのです。何か特別な存在になるのではない。「成仏」の「成」とは「開く義なり」（新１０４９ページ・全７５３ページ）と示されています。自身が本来具えている、内なる仏の境涯を開き顕すのです。

とりわけ、「貴賤上下をえらばず」と仰せです。有名だとか、地位があるとか、お金持ちであるとか、そうしたことは一切関係ない、ということです。皆が、一人の人間として平等に尊い存在であることを教えている仏法こそ、人間尊敬の究極の思想なのです。

悩みの大きい人は使命も大きい

続いて「妙法蓮華経より外に宝塔なきなり。法華経の題目、宝塔なり。宝塔また南無妙法蓮華経なり」とあります。

宝塔は、南無妙法蓮華経です。この題目を真剣に唱える人は、自身の宝塔の生命を最大に輝かせていくことができるのです。

　自分が置かれている境遇を嘆いたり、周りと比べて自分を卑下したりする必要など一切ありません。むしろ、困難な状況にあれば、より一層、真剣に題目を唱えることができます。

　そして、唱題に徹する人は、一番、幸せになれるのです。しかも、その姿は、多くの人に希望と勇気を送っていく――最も苦しんでいた人が、最も幸福になるだけでなく、他の人をも幸せにしていく勇者になるのです。今、悩みや苦労が大きいのは、それだけ使命が大きい証しです。

　未来部の皆さんには、まさに自分にしか果たせない偉大な使命があります。その使命に向かって粘り強く努力を重ね、自身の特性を最大に発揮しながら、全員が偉大な宝塔として光を放つ存在になってほしいのです。また、そう祈って、ご両親や先輩たちは、皆さんのための環境を全力でつくっているのです。

御文

（新1733ページ・全1304ページ）

今、阿仏上人の一身は地・水・火・風・空の五大なり。この五大は題目の五字なり。しかれば、阿仏房さながら宝塔、宝塔さながら阿仏房、これより外の才覚無益なり。聞・信・戒・定・進・捨・慚の七宝をもってかざりたる宝塔なり。

現代語訳

今、阿仏上人の一身は、地・水・火・風・空の五大である。この五大は題目の五字である。

それゆえに阿仏房はそのまま宝塔であり、宝塔はそのまま阿仏房である。こう信解するよりほかの才覚は無益である。
聞・信・戒・定・進・捨・慙という七つの宝をもって飾った宝塔である。

宇宙と生命を貫く根源の法

「今、阿仏上人の一身は地・水・火・風・空の五大なり」と言われています。「五大」とは古の賢人たちが、宇宙の一切を構成する基本的な要素と考えていたものです。

そして「この五大は題目の五字なり」と仰せです。わが「一身」は、宇宙と、あらゆる生命を貫く根源の法と一体である――そこに阿仏房自身の生命の真実があるのです。

たとえ今、悩み苦しんでいる凡夫も「題目の五字」によって、その身のままで妙法の輝きを放っていける。妙法の働きにおいて、仏と本質は全く違わない。これが仏法の透徹した視座です。

一般に、人間の習性として、自分の外に幸不幸の原因を求めたり、今自分がいる場所を離れて幸福を探したりしがちです。しかし、真の幸福は、どこか遠くに存在するものではありません。

「ただし、妙法蓮華経と唱え持つというとも、もし己心の外に法ありと思わば、全く妙法にあらず、麤法〈注5〉なり」（一生成仏抄、新316ページ・全383ページ）、「すべて一代八万の聖教、三世十方の諸の仏菩薩も、我が心の外に有りとはゆめゆめ思うべからず」（同、新317ページ・全383ページ）とも仰せです。

私たちが日々、題目を唱えて胸中の仏界を涌現することは、幸福の源泉をわが身の内から現していくことにほかならないのです。

自身の内に秘められている無限の可能性、宇宙大の力用を発揮する鍵が唱題行です。皆さんが、この偉大な妙法を若くして持っていることが、どれほど素晴らしいことでしょうか。

南無妙法蓮華経で生きている

戸田先生と初めてお会いした時、私は即興で詩を朗誦しました。1947年（昭和22年）8月14日のことです。

「旅びとよ
いずこより来り
いずこへ往かんとするか……」

終戦から2年——。それまで教わってきた軍国主義の価値観や善悪の基準は悉く崩壊し、当時の青年たちは混沌の世界に放り出されていました。私自身も、何が本当の正しい生き方なのか、さまざまな書物を読み、真実を真剣に探し求めていました。その時に戸田先生に出会えたのです。

先生の前で詠んだ詩は、こう続きます。

「月は　沈みぬ
日　いまだ昇らず
夜明け前の混沌に
光　もとめて
われ　進みゆく
心の　暗雲をはらわんと
嵐に動かぬ大樹求めて
われ　地より湧き出でんとするか」

この時、まだ深遠な仏法は知りませんでしたが、永遠に崩れることのない、心の大樹となる哲理を求めてやまなかったのです。

後に戸田先生は私に、確固たる自己を築いた境地を「自分自身が南無妙法蓮華経で生きているということ」と、簡潔に教えてくださいました。これが仏法の極意です。

「宝塔さながら阿仏房」

「阿仏房御書」の次の一節は、全ての人に希望と勇気を送る真の人間主義の哲学です。

「阿仏房さながら宝塔、宝塔さながら阿仏房」――燦然ときらめく巨大な宝塔といっても、阿仏房、あなた自身を離れて存在するものではありません、との御指導に、驚かない人はいないでしょう。

大聖人は、〝あなたが宝塔、宝塔とはあなたである〟という真理に目覚めることこそが、何より大切だ、とまで仰せです。

どこまでも、「内なる真実の自己」「人間と宇宙を貫く根源の妙法」に目覚める以上の智慧はないということです。

釈尊は入滅（仏が亡くなること）の直前、弟子に次のように語りました。

「この世で自らを島とし、自らをたよりとして、他人をたよりとせず、法を島とし、法をよりどころとして、他のものをよりどころとせずにあれ」(『ブッダ最後の旅』中村元訳、岩波文庫)

仏教では、この世は暴流にも譬えられます。激流に翻弄される人間をどう救うのか。大切なことは確固たる自分自身を築くことです。揺るぎない「よりどころ」となる法則に則って生きることを訴えているのです。

そして、「あなたが宝塔である」という日蓮仏法こそが、その大哲理なのです。

戸田先生は簡潔にこう語られました。

「誰もが等しく仏子であり、また宝塔であるというのが、日蓮大聖人の大精神なんだよ。それゆえに、万人を救い得る真の世界宗教といえるのだ」と。

これが恩師の大確信でした。

人間革命の人は七宝で輝く

大聖人は、「聞・信・戒・定・進・捨・慚の七宝をもってかざりたる宝塔なり」と、仰せです。

すなわち、妙法に則って生きる私たちが、具体的にどのように仏道修行に励んで、自身を輝かせていくのか。それが、「聞・信・戒・定・進・捨・慚」の七宝であるとの仰せです。今日でいえば、人間革命への七つの指標ともいえます。

一つ一つ、わかりやすく確認しましょう。

聞――聞法。進んで正法を聞くこと。

正しい法を自ら進んで聞いていこうとする純真な求道心です。

信――信受。正法を信じ受持すること。

法華経に「以信得入（信を以て入ることを得たり）」とあります。智慧第一の舎利弗ですら「信」によって仏の智慧の境涯を得たという意味です。「以信代慧」――「信をもって慧に代え」（新266ページ・全339ページ）るのです〈注6〉。正法を信じて修行することがそのまま、智慧となって、覚りを得ることができるのです。

戒――持戒。戒律を守ること。

戒には、防非止悪（非を防ぎ悪を止む）の働きがあります。仏の戒めに従い、自分を律し、仏法の正しい軌道を、きちっと歩んでいくということです。私たちにとっては、生涯、学会の中で妙法を持ち切ることです。

定――禅定。心を安定させること。

一般に禅定とは静かに座って瞑想することだと思われています。そうではなく、困難な道を前進する中で、自身の心を定めて揺るがないことです。学会員は誰もが、御本尊に祈り切るなかで、苦難に挑む不動の心を築いていけるのです。

進――精進。仏道修行に励むこと。

自らが決めた目標に向かって、たゆみなき精進、努力を重ねて、常に前へ前へ、進むことです。学会員の生き方そのものです。

捨——喜捨。執着を捨てること、また、他人に物惜しみせず施すこと、です。私たちでいえば、欲望にとらわれた生き方でなく、広宣流布という最極の目的に向かって、自身の存在を懸けて挑戦していくことです。そのときに、真実の自分を築きあげることができるのです。

慚——慚愧。反省し恥じる心をもち、常に向上を目指すこと。素直に自分の心と向き合い、反省すべきは反省して、自分の境涯を高めていこうと、一切を成長のバネとしていくことです。

以上のこの七つの実践に、まず、できることから挑戦することで、一人一人の生命の可能性を開花していくことができます。自身の生命に宝塔を打ち立て、永遠に崩れることのない福徳の輝きを放っていける。それは、金銀等の財宝以上の「心の財」の輝きなのです。

本来、自身が宝塔でない人は、断じていません。また、それぞれが自分の特性に合わせて、自分らしく輝いていけばよいのです。そこに、「桜梅桃李」〈注7〉という真実の人間尊敬の世界が開かれます。万人がそれぞれに輝き、互いに照らし合っていくのです。

一切の出発点は、どこまでも、自分の可能性を信頼することから始まります。仏法は、全ての人の味方です。そして誰もが、世界を照らす希望の太陽となれるのです。

自分を信じ切ること

私は今も胸中の戸田先生と語り合いながら、広布の道を開いています。また、皆さん方の成長を見守っています。

イタリアの大詩人ダンテ〈注8〉の『神曲』に、周囲の言葉に心がふらつく弟子を叱咤激励する、師匠の言葉があります。

「勝手にいわせておけ。風が吹こうがびくとも動ぜぬ塔のようにどっしりとかまえていろ」と。

大事なことは、自分を信じ切ることです。

自分が強く賢くなることです。

自分自身を大切にすることです。

一度決めた信念の行動を貫き、悔いを残さないことです。それが真実の師弟の道です。

さあ、朗らかに希望と勇気の大道を歩み抜いていこう！

人間尊敬、生命尊厳の妙法の宝剣を掲げていこう！

地球の平和と安穏のために！

人類の新たな夜明けを開くために！

[注解]

〈注1〉【阿仏房御書】佐渡の門下である阿仏房が、法華経の宝塔涌現の意義を質問したことに対しての御返事。宝塔とは御本尊のことで、南無妙法蓮華経と唱える者はその身が宝塔であり、多宝如来であると述べられ、阿仏房を「北国の導師」とされ、深い信心を称賛されている。

〈注2〉【七宝】法華経見宝塔品第11で出現した宝塔を飾っていた七つの宝。金・銀・瑠璃・車渠・馬脳・真珠・玫瑰のこと（法華経372㌻）。

〈注3〉【多宝如来】過去の東方・宝浄国の仏であり、法華経を説くところに宝塔を涌現させて法華経の真実を証明することを誓った仏。

〈注4〉【三周の声聞】法華経で未来の成仏を約束された釈尊の弟子たちのこと。3回の説法（法説、譬喩説、因縁説）を聞いた声聞たちが、順次、釈尊の教えの真実を理解した。

〈注5〉【麤法】粗雑で偏頗な劣った法。不完全な法。妙法に対する語。

〈注6〉「以信代慧」とは、仏が覚った智慧を、自分も同じように覚ることは難しくとも、仏の教えを「信じる」ことによって仏と同じ智慧を得て功徳を受けること。「信」によって、

「智慧(ちえ)」を得(え)ること

〈注7〉【桜梅桃李(おうばいとうり)】サクラ、ウメ、モモ、スモモ。人々(ひとびと)の多様(たよう)な生命(せいめい)そのもの。また、個々人(ここじん)の個性(こせい)や使命(しめい)を譬(たと)えたもの。妙法(みょうほう)によって、一切(いっさい)の生命(せいめい)がありのままの姿形(すがたかたち)を改(あらた)めることなく、本来(ほんらい)ありのままの仏界(ぶっかい)の生命(せいめい)を開(ひら)き現(あらわ)していくことができる。

〈注8〉【ダンテ】ダンテ・アリギエリ。1265年~1321年。イタリアの詩人(しじん)。フィレンツエに生(う)まれ、政界(せいかい)でも活躍(かつやく)。政争(せいそう)によって追放(ついほう)されるが、亡命中(ぼうめいちゅう)に大叙事詩(だいじょじし)『神曲(しんきょく)』を完(かん)成(せい)させ、後世(こうせい)の詩人(しじん)、画家(がか)、作曲家(さっきょくか)らに大(おお)きな影響(えいきょう)を与(あた)えた。引用(いんよう)は、『神曲(しんきょく)　煉獄篇(れんごくへん)』(平川祐弘(ひらかわすけひろ)訳(やく)、河出文庫(かわでぶんこ))から。

池田大作（いけだ・だいさく）

1928年（昭和３年）、東京生まれ。創価学会名誉会長。創価学会インタナショナル（SGI）会長。創価大学、アメリカ創価大学、創価学園、民主音楽協会、東京富士美術館、東洋哲学研究所、戸田記念国際平和研究所などを創立。世界各国の識者と対話を重ね、平和、文化、教育運動を推進。国連平和賞のほか、モスクワ大学、グラスゴー大学、デンバー大学、北京大学など、世界の大学・学術機関の名誉博士、名誉教授、さらに桂冠詩人・世界民衆詩人の称号、世界桂冠詩人賞、世界平和詩人賞など多数受賞。

著書は『人間革命』（全12巻）、『新・人間革命』（全30巻）など小説のほか、対談集も『二十一世紀への対話』（A・トインビー）、『二十世紀の精神の教訓』（M・ゴルバチョフ）、『平和の哲学　寛容の智慧』（A・ワヒド）、『地球対談　輝く女性の世紀へ』（H・ヘンダーソン）など多数。

未来の希望「正義の走者」に贈る

発行日　二〇二二年七月三日

著　者　池田大作

発行者　松岡　資

発行所　聖教新聞社

〒一六〇―八〇七〇　東京都新宿区信濃町7

電話　〇三―三三五三―六一一一（代表）

印刷・製本　図書印刷株式会社

定価は表紙に表示してあります

ISBN978-4-412-01692-7